新金融评论

China Finance Review

2013 年第 2 期（总第 4 期）

责任编辑：张　铁
责任校对：李俊英
责任印制：丁淮宾

图书在版编目（CIP）数据

新金融评论（Xinjinrong Pinglun）．2013年．第2期/上海新金融研究院编．—北京：中国金融出版社，2013.4
ISBN 978-7-5049-6556-1

Ⅰ．①新…　Ⅱ．①上…　Ⅲ．①金融—文集　Ⅳ．①F83-53

中国版本图书馆CIP数据核字（2013）第101213号

出版发行　中国金融出版社
社址　北京市丰台区益泽路2号
市场开发部　（010）63266347，63805472，63439533（传真）
网上书店　http：//www.chinafph.com
（010）63286832，63365686（传真）
读者服务部　（010）66070833，62568380
邮编　100071
经销　新华书店
印刷　北京松源印刷有限公司
装订　平阳装订厂
尺寸　175毫米×250毫米
印张　11.75
字数　206千
版次　2013年4月第1版
印次　2013年4月第1次印刷
定价　30.00元
ISBN 978-7-5049-6556-1/F.6116
如出现印装错误本社负责调换　联系电话（010）63263947

新金融评论

China Finance Review

《新金融评论》是上海新金融研究院主办的经济金融类学术刊物，致力于发表权威、严谨、高标准的政策研究和基础研究成果，强调学术性和政策性的完美结合。中国金融四十人论坛为本刊提供学术支持。

“中国金融四十人论坛”（CF40）由40位40岁上下的金融精锐组成，是中国领先的非官方、非营利性金融学术研究组织。上海新金融研究院（SFI）是由中国金融四十人论坛举办的非营利性专业学术研究机构，与上海市黄浦区人民政府战略合作。

联系电话： 021-33023256

联系地址： 上海市北京东路280号7层《新金融评论》编辑部

投稿邮箱： cfr@sfi.org.cn

目 录

2013年第2期 总第4期

专 题

（1） 在金融深化背景下看待我国影子银行问题 廖 岷
（15） 中国式影子银行：定义、估测及风险评估 钟 伟
（27） 中国影子银行业务的兴起及其风险 高善文 莫 倩 瞿 灿
（41） 从改善金融结构角度评估“影子银行” 巴曙松
（51） 监管套利与中国式“影子银行” 曾 刚
（64） 圆桌：影子银行的风险评估与监管对策

宏观经济

（93）社会融资规模的内涵、统计原则与理论基础 盛松成

金融实务

（114）从完善金融安全网的角度看中国存款保险制度设计 魏加宁
（142）银行业金融机构信息科技风险监管研究 阎庆民

在金融深化背景下看待我国影子银行问题

◎廖 岷

摘要:本文简要阐述了国际上有关影子银行定义、规模估计和相关监管原则,并通过对比中外影子银行后认为,与发达经济体影子银行业务的高杠杆率、多重资产证券化的特点不同,我国影子银行业务的产生有其逐步金融深化和金融脱媒的宏观背景。

当前,从政策制定的角度来看,对于各种不同于传统正规银行信贷以外的融资活动,其是否应该归属于影子银行业务,不是问题的重点,我们更应该注重分析其形成机理、运作模式、与正规银行信贷的关联程度等,以准确判断其风险实质和对整个金融体系稳定性的影响,从而考虑是否予以适当的监管制度安排。对于影子银行业务,如何在加强监管和借助市场力量之间取得平衡并没有一个简单通行的现成答案,我国在金融监测、金融监管和金融改革方面都有一些必须解决的问题,才能够更加务实地求得这一平衡。

关键词:影子银行 中外比较 金融深化 金融监管

影子银行(shadow banking),作为诱发和加剧2008年金融危机的重要原因之一,在全球范围内有关危机的各种讨论当中,一直受到较大关注,二十国集团(G20)也明确主张,必须在全球范围内加强对影子银行业务的监管。据金融稳定理事会(FSB)估

作者廖岷系全国政协委员、上海银监局局长。感谢同事郭陆健、周叶菁的帮助。

计，2011年，全球影子银行业务的规模已经恢复到67万亿美元[①]，高出危机前水平。2013年，全球所有金融手段，包括影子银行业务都重新进入活跃期，如对冲基金市场规模已经突破2.2万亿美元，创历史新高[②]。

本文简要阐述国际上有关影子银行定义、规模估计和相关监管原则，并通过对比中外影子银行后认为，与发达经济体影子银行业务的高杠杆率、多重资产证券化的特点不同，我国影子银行业务的产生有其逐步金融深化和金融脱媒的宏观背景。当前，从政策制定的角度来看，对于各种不同于传统正规银行信贷以外的融资活动，其是否应该归属于影子银行业务，不是问题的重点，我们更应该注重分析其形成机理、运作模式、与正规银行信贷的关联程度等，以准确判断其风险实质和对整个金融体系稳定性的影响，从而考虑是否予以适当的监管制度安排。对于影子银行业务，如何在加强监管和借助市场力量之间取得平衡并没有一个简单通行的现成答案，我国在金融监测、金融监管和金融改革方面都有一些必须解决的问题，才能够更加务实地求得这一平衡。

一、国际上对影子银行的研究进展

（一）影子银行概念的由来和演变

危机以后，已在全球范围广泛使用的“影子银行”其实并没有一个普遍认可的准确定义。这主要有两个原因：一是在不同的国家或地区，实体经济有着不同的需求结构，金融行业有着不同的组成结构和监管方式，金融市场处于不同的金融深化阶段，因此，所谓的影子银行业务就具有各种不同的存在实体、活动类型和表现形式。二是由于金融创新的活跃和金融监管政策的变化，影子银行业务本身的演化速度比较快，金融市场上总是在不断创造出新的金融产品和新的金融商业模式，因此，“影子银行”这个概念也无法全部涵盖这些新产品和新模式。

“影子银行”这个概念最早是由美国太平洋投资管理公司（PIMCO）执行董事保罗·麦卡利（Paul McCulley）在2007年提出的，随着2008年全球金融危机的爆发，以及大家对危机反思的深入，这一概念受到了金融界和学术界的广泛关注。但必须看到，麦卡利

① Financial Stability Board, Global Shadow Banking Monitoring Report 2012, November 2012.

② 资料来源：Dealogic。

的观察来自于实务界，并未经过深入的学术研究，因此严格意义上来说，影子银行业务并不是一个严谨的学术概念。麦卡利最初提出银子银行这个概念，是指“由杠杆率较高的非银行投资管道、工具和结构组成的无所不包的一盘缩写字母汤”(the whole alphabet soup of levered up non-bank investment conduits, vehicles, and structures)①。可以看出，他最初的定义主要是指结构性融资市场(structured finance)当中创造的各种融资通道、工具和结构，也就是我们通常统称的“特别目的机构或工具”(special purpose entities或SPEs)。这种结构性融资一般都是将房屋抵押贷款、信用卡、汽车贷款和应收账款等通过资产证券化手段，利用CDOs(collateralized debt obligations)和ABS(asset-backed securities)等工具，进行重新打包出售，从而在市场上融入新的资金。当然，这样的定义实际上指向比较宽泛。

随后的探究中，这个定义被进一步扩大。目前国际上较为权威的说法是2011年FSB在《影子银行：划定范围》一文中提到的“任何(部分或全部)在正规银行体系之外的信用中介机构和信用中介活动”都能够归属到“影子银行”的范围中。同时，FSB也提出，具体何种对象才算是影子银行业务，可能并不存在国际通行口径，要视不同经济体的金融体系和监管体系的具体情况而定②。此外，FSB还有另外一个相对狭义的定义，描述了影子银行这一信用中介活动的特征，即“易引发系统性风险或监管套利的信用中介活动，特别是那些包含期限或流动性转换，引发不适当的信用风险转移和一定程度杠杆累积的信用中介活动”。

美联储纽约分行对影子银行的定义是指，“没有传统银行以存款、贷款和结算为核心的业务组织形态，而以贷款资产证券化等方式行使传统银行信用、期限和流动性转换的功能，游离于监管体系之外，与接受中央银行或监管当局监管的传统商业银行系统相对应的直接或间接从事资金或信用中介的金融机构”③。这个定义是基于美国金融体系实际的一个相对明确的定义，着重强调了资产证券化、缺乏监管和具有信用中介等特征。在美国，归于影子银行的机构包括：财务公司(finance companies)、资产支持商业票据管道机构(asset-backed commercial paper conduits, ABCP)、有限目的的财务公司(limited finance companies)、结构性投资工具(structured investment

① Paul McCulley, Teton Reflections, PIMCO Global Central Bank Focus, 2007.

② Financial Stability Board, Shadow Banking: Scoping the Issues, April 2011.

③ Zoltan Pozsar etc., Shadow Banking, Federal Reserve Bank of New York Staff Report No.458, July 2010, Revised February 2012.

vehicles)、信贷对冲基金(credit hedge funds)、货币市场共同基金(money market mutual funds)、证券出借机构(securities lenders)、政府支持企业(government-sponsored enterprises)等等。

问题是,考虑到以资产证券化为标志的影子银行业务,其基础资产本身往往是正规商业银行资产负债表的表内资产,或是由商业银行提供了流动性支持、签署了信用衍生或是再保险合约的实际情况,能否按照FSB把影子银行业务定义为"传统正规商业银行之外"的信用提供就成了一个疑问。其实,按照以上定义,影子银行机构和传统商业银行之间是很容易区分的,然而,由于影子银行业务实际涉及这两类机构,因此,在讨论影子银行这个问题的时候,要特别注意机构和业务这两个不同的角度和层次,否则,容易产生混淆。就影子银行业务的风险管理和监管而言,实际上就需要通盘考虑。比如欧美庞大的债券回购市场(repo market),被广泛认为是影子银行的代表,到2010年中,已经整体超过了危机前的水平①,传统商业银行恰恰是其中最大的参与者之一。涉及这一市场的风险管理和监管,就不能不涉及到商业银行的风险管理和监管问题。还有人主张,并不是影子银行机构提供的所有传统银行借贷以外的融资产品和业务都属于影子银行业务,只有那些复制或替代了商业银行核心功能,如流动性提供、期限错配和提供杠杆率等的工具、结构、公司或市场活动才应该是我们关注的影子银行业务的重点②。可见,是按照机构种类区分,还是按照金融业务和工具区分,目前不尽一致;是更多地从有无监管,有无央行流动性支持,还是从是否替代和发挥了商业银行主要功能或作用的角度去考虑,目前的看法也不尽相同。

(二)对影子银行规模的估计

FSB每年对全球影子银行规模进行估计。最新数据显示,全球影子银行规模由2002年的26万亿美元迅速增长到2007年的62万亿元美元,在经历了2008年短暂的下降后,2011年又重新达到了67万亿美元,为历史最高值,相当于全球GDP总量的1.1倍,约占全球银行体系250万亿美元的25%—30%。据FSB预估,中国的影子银行业务规模约0.4万亿美元,占GDP的比重约为5%,占全球的比重不到1%③。

---

① Gillian Tett, Repo Needs a Backstop to Avoid Future Crises, FT, September 23, 2010.

② Paul Tucker, Remarks at a BGC Partners Seminar: Shadow Banking, Financing Markets and Financial Stability, Jan 21, 2010.

③ Financial Stability Board, Global Shadow Banking Monitoring Report 2012, November 2012.

(三)影子银行业务的特点

尽管目前对影子银行及其业务范围还没有一致看法,但一般认为,它具有以下一些特点:首先是缺乏监管,这也是媒体比较关注的问题之一。美国危机调查委员会评估报告就指出,许多在商业银行体系之外开展的类似商业银行的融资活动都没有监管或只有少许监管;其次,某些影子银行活动出于监管套利。由于有些活动完全没有监管或缺乏足够监管,因此,这些活动都带有监管套利目的,这也就意味着,如果加强正规传统的商业银行监管,可能更容易催发新的影子银行活动。而完全出于监管套利目的的影子银行活动,其支持实体经济或服务社会公众的作用就值得怀疑。再次,部分活动有经济价值。有些影子银行业务在传统商业银行体系之外,通过为资金使用方和供给方提供新的高效的融资渠道和方式,提供了明显的经济价值;一定程度上,这些活动也通过分散金融产品的集中度,改善资金配置效率。最后,如果对影子银行没有适当的监管,将给所在金融体系带来新的系统性风险①。

(四)FSB关于影子银行监管的最新进展

影子银行之所以得以产生,首先还是市场有金融脱媒的需要。其能够更加快捷、灵活和直接地提供融资的特点,造就了它的快速发展和扩大,以及风险的孕育。因此,危机后,世界各国和地区都纷纷意识到,影子银行业务的快速发展、低透明度以及高杠杆率操作给整个金融体系产生了新的脆弱性影响,并成为此次全球金融危机的主要推手之一。各个国际组织及主要国家和地区已着手在对冲基金、资产证券化、货币市场共同基金、证券回购市场等主要的影子银行领域实施监管改革。2011年4月②和2011年10月③,FSB发布了两份重要文件,提出了加强影子银行业务监管的五项原则:一是重点关注其外部性和风险(Focus);二是投入与影子银行业务可能对金融系统产生的风险程度相匹配的监管资源(Proportionality);三是前瞻性地关注并适应新出现的风险(Forward-looking);四是推动国际监管标准的有效性和一致性(Effectiveness and Consistency);五是加强评估和审查监管政策(Assessment and Review)。

---

① Steven L. Schwarcz, Regulating Shadow Banking, Inaugural Address for the Inaugural Symposium of the Review of Banking and Financial Law, 2012.

② Financial Stability Board, Shadow Banking: Scoping the Issues, April 2011.

③ Financial Stability Board, Shadow Banking: Strengthening Oversight and Regulation, October 2011.

二、我国的影子银行业务问题

当前,我国的影子银行业务问题也是一个热门话题,受到国内外的关注。尽管对其构成、规模和风险仍有不小的争议,但有一点是很明确的:这些年我国影子银行业务的快速增长,正好处于国家宏观调控、银行贷款规模监测和金融监管加强的大背景下,同时银行粗放式规模扩张冲动不减,实体经济投资拉动增长模式尚没有根本改变,政策层面继续推动利率市场化,以及鼓励多元直接融资方式和渠道的探索和发展,所有这些因素,共同推动了我国社会融资结构的深刻改变。这其中,最主要的两个方面的变化是:一是商业银行传统信贷活动被多种形式和渠道的融资模式不断替代,二是商业银行资产负债结构正在急剧改变,表内转表外,零售转批发和同业。这些变化,也伴随着我国影子银行业务对于传统正规商业信贷的替代,伴随着影子银行业务自身的出现和发展。此外,我国分业监管的金融监管架构也给某些领域的影子银行业务,如资产管理业务领域的监管套利留出了空间。

(一)影子银行业务的种类与规模

图1虽然不能精确地描述我国影子银行业务的总体规模,但却清楚地揭示了自2009年年中以来,传统银行信贷总额在全社会总融资规模里的比重显著下降,相应

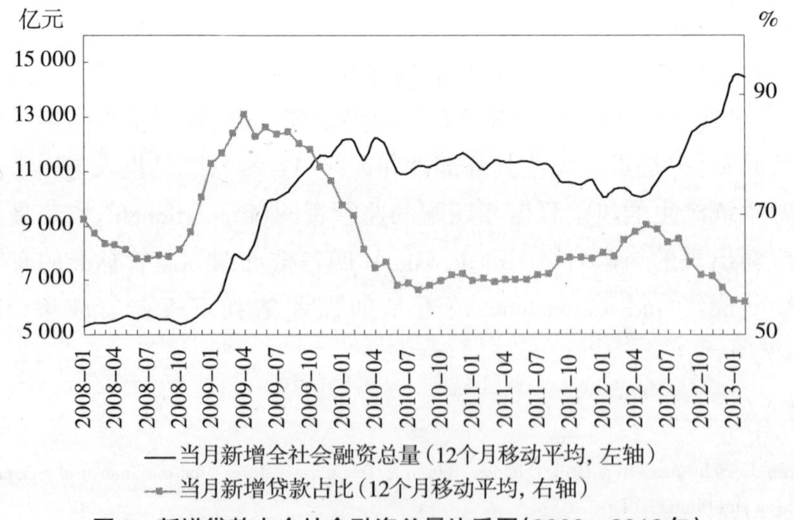

图1 新增贷款占全社会融资总量比重图(2008—2012年)

资料来源:Wind。

地，常规银行体系外的融资占比越来越高。其中，部分活动应该归于影子银行业务，这些正是由于传统银行体系没有满足实体经济投资和融资需求而自然产生的信用中介活动。正如我们所看到的，正是由于其与2008年金融危机的爆发和应对密切相关，因此舆论媒体关注点更多地放在了其风险影响和监管上。

在我国，由于资产证券化及利率市场化的进程还处于逐步推进的过程中，影子银行业务相对于欧美市场而言，有着明显的区别。目前，最大口径主张的影子银行业务实际将传统商业银行信贷业务以外的各种融资活动都包含在内，包括：银行表外业务（如理财产品、委托贷款、未贴现银行承兑汇票等）、非银行金融机构（如信托公司、财务公司、小额贷款公司、典当行等）业务、非金融机构活动（如民间借贷、人人贷、部分私募基金、无金融牌照的理财公司或财富管理顾问公司等），规模为30万亿—32万亿元；最小口径主张的影子银行业务仅仅指没有监管的各类民间金融活动，规模在5万亿元上下①，甚至有一些经济学家认为只有2万亿—3万亿元的规模②。这种不同的口径，实质上反映了前文所述影子银行定义存在的差异。笔者认为，可以肯定的是，我国存在正规商业银行业务以外的各种融资活动，其中包括影子银行业务，这些融资活动正在逐步发展，其中，有的已经有严格的监管，有的所受监管较少，有的没有监管。当前，重要的不是规模的大小，而是这些活动本身对金融体系的系统性影响，对正规传统商业银行体系的影响，以及对金融消费者的影响。这些问题，有的已经比较清楚，有的还需要继续观察和分析。

（二）与美国式影子银行业务的差异

我国同其他国家和地区一样，由于市场需求与偏好差异的客观存在，影子银行业务的出现也不可避免。但是，我国影子银行与以美国为代表的欧美国家影子银行业务相比，存在显著差异。

首先，从机构来看，与美国有着很大的不同。我国目前在传统正规商业银行信贷业务之外承担融资活动的绝大多数主体，都受到严格监管，或受到一定程度的监管。除证券公司、基金公司和保险公司分别受到证监会和保监会监管以外，我国已经建立的六大类非银行金融机构，包括信托投资公司、财务公司、汽车金融公司、金融租赁公

① 中国金融四十人论坛：《正视“影子银行”的发展》，CF40要报第34号，2013年1月21日。

② 王培成、赵静婷：《中国式影子银行》，载《财经》，2013(4)。

司、货币经纪公司以及消费金融公司等，都有全面的审慎监管制度的覆盖。此外，我国超过5 000家当铺，19 000家担保公司，6 000家小额贷款公司以及私募股权基金公司等，也受到不同层级政府机构不同程度的监管和管理。真正游离监管之外的是地下钱庄和没有金融牌照的各类财富管理、财富咨询公司和第三方理财公司等。

其次，从业务上看，可能涉及的影子银行业务主要包括：无中介的民间借贷、人人贷、委托贷款，以及有中介的信托公司产品（贷款、股权投资、夹层债券）、银行理财产品、券商理财产品、保险理财产品、企业债券等[①]。这些业务品种中，绝大多数都有监管制度和管理制度安排。比如，目前，舆论议论较多的银行理财业务、信托产品等所谓的影子银行业务并不与商业银行体系之外的机构、工具或结构存在对立，也不具有多次证券化、批发融资、监管缺位等类似欧美影子银行业务的比较复杂的基本特征。例如，商业银行发行的理财产品，自2005年第一次在国内推出以来，一直受到严格的监控和监管。今年3月28日，银监会又最新规范了商业银行理财业务的投资运作，特别对于非标准化债权资产[②]的投资余额有了明确规定，实际是强化了银行理财产品与部分影子银行业务关联活动的监管，并将其纳入了资本监管的范畴。目前游离监管之外的主要是民间借贷、人人贷和各类非法集资活动。

再次，从金融工具来看，金融衍生工具（如证券化产品和再证券化产品）是美国影子银行体系的基础。在我国，所谓的影子银行业务事实上还是通过信用创造提供“类信贷”服务。我国的资产证券化仍处于起步阶段，2012年的试点额度仅500亿元。当然，随着资产证券化试点的推进，这一市场的规模在未来很可能会得到扩大。

最后，从商业模式来看，美国的影子银行是高度市场化的信用中介，整个业务链条上由各自独立的非银行机构进行独立操作。此外，美国影子银行的生存依托于活跃的二级市场和批发融资市场。在这个以市场为基础的商业模式下，影子银行业务的杠杆作用很高。在我国，所谓的影子银行业务并不涉及发达经济体中常见的、长期的、复杂的、不透明的中间业务链。相反，我国的影子银行业务更类似于正规的银行业务，依靠存款的资金，杠杆水平较低，以新的方式向实体经济注入资金来源。在一定程度上，它填补了银行信贷供给不足。

---

① 见《影子银行分析：短期持续增长；长期风险是抑制银行股估值》，北京高华证券有限责任公司研究报告，2013-02-26。

② 所谓非标准化债权资产，指未在银行间市场及证券交易所市场交易的债权性资产，包括但不限于信贷资产、信托贷款、委托债权、承兑汇票、信用证、应收账款、各类受（收）益权、带回购条款的股权性融资等。

(三)在金融深化的背景下认识我国的影子银行业务

我国影子银行业务的快速发展时期始于本世纪初,至今约十年时间。这个时期,也正是我国金融深化和金融脱媒逐步加速的时期。因此,我们应该把影子银行业务置于我国金融深化的大背景下来分析和认识。虽然我国的金融体系通过改革开放,取得了令人瞩目的成就,但不可否认,由于一些关键领域,如利率市场化、金融机构法人治理机制等方面的改革还没有真正到位,因此,我国还存在着金融服务效率低下,资源配置不合理等金融压抑现象。与此同时,我国现代化、工业化、市场化和信息化的步伐不断加快,对于金融服务和融资需求的要求越来越高。尤其自2008年全球金融危机后,受投资回报率及资金安全性等因素影响,民间借贷、私募基金、第三方财富管理公司等各式影子银行业务纷纷涌现。所以,影子银行业务本身的出现,恰恰是我国金融深化和经济发展的一部分,给企业和投资者增加了多元化的金融服务、多样化的金融产品,是金融脱媒的必然过程和结果。

从资金需求方来看,面对中国经济的高速增长,一些行业渴望成长和急需现金。在常规银行渠道无法满足融资需求的情况下,有能力的企业借道IPO、债券等渠道解决资金问题,但对于中小微企业来说,只能求助于小额贷款公司、担保公司、私募基金来解决,甚至有的进入了民间借贷市场。因此,从这个意义上来说,影子银行业务给实体经济提供了替代性的融资渠道,尤其是当传统的银行信贷额度受到规模控制或是部分行业的信贷政策被收紧。此外,影子银行业务也为银行和投资人分散风险创造了可能,提供了一系列流动性和信用风险管理的工具。

从资金供给方来看,我国影子银行业务满足了通胀环境下的投资需求。长期以来,间接融资一直是我国金融体系的主导形式,居民投资则以存款为主。由于利率市场化没有完全完成,存款利率受到管制,在近年来房价涨速较快、通胀预期强烈、银行存款实际收益较低的情况下,资金所有人获得正收益并实现资产保值增值的愿望强烈,于是银行存款大规模地转向其他替代产品,如银行理财产品、信托产品、私募股权投资基金等。

(四)我国影子银行的监管

影子银行业务始终是一把"双刃剑":在增加融资方式、渠道,解决部分融资需求和资源配置问题的同时,也必然给整个金融体系、正规银行体系以及金融消费者带来潜在风险。因此,对影子银行的监管是必需的。当前,总的原则应当是在金融深化的背景下去认识其作用,在控制系统性风险的要求下去规范、引导和设计监管政策和制度。

尽管我国金融脱媒和金融深化正在进行,一些新的多元融资渠道也正在形成,但总体而言,这些业务的复杂程度和市场发育程度较低,绝大部分活动都有相应的监管政策和制度的安排,对于整个金融体系的影响也一直受到货币当局和监管当局密切关注,绝大多数融资活动也都纳入了社会融资总额的监控。

笔者认为,由于当前我国还没有大量为结构性融资而设立监管范围之外的特殊目的机构或工具,主要的影子银行业务是传统银行信贷的替代,因此,具体到产品、业务、商业模式,以及与正规传统商业银行体系之间的风险传递渠道的层面,来探讨这些活动的实质性影响,应该更有现实意义。特别是在融资渠道多元化和金融市场关联度加深的情况下,传统正规的商业银行在资金、网点、人员、客户上,都与其他各种形式的融资活动有着各种各样的关系,相互之间的风险传递情况更应成为监管的重点之一。举例来说,如果一家企业因为资金链断裂而倒闭,则与其有关的银行贷款、民间借贷、私募基金、企业债券、信托计划、委托贷款等所有的外部融资渠道都将面临同样的风险。在此情形下,已经无从区分这是影子银行风险还是商业银行风险了,因为风险本身是会传染且无法切割的。再比如一些商业银行网点代销理财产品。由于理财产品投资范围已经相当广泛,在给投资者带来更高收益的同时,风险也更高。对于商业银行代销行为的规范,其实质也就是建立防火墙,防范影子银行业务的风险传递。

对影子银行业务的监管,要注意避免"一刀切",即认为这些所谓的影子银行实体和活动都具有相同的特征、一样的风险级别、需要相同的风险缓释手段。我们应对中国影子银行业务的构成进行剖析。除了摸透这些金融活动各自独立的运作机理,也需分析它们之间以及它们与传统商业银行业务之间的作用关系。只有基于这样的分析,才能正确评估此类新型融资活动风险的大小、对传统商业银行的影响,以及它们是否得到了适当的监管。

监管应重点放在关注那些对投资者利益、金融环境稳定和宏观经济可能产生特定风险的活动,并应尝试在维护市场稳定与促进创新发展之间进行权衡,以便找到最有效的方法,来降低这些风险的危害性。只有这样做,才可能符合FSB对影子银行监管重点性、适度性、前瞻性、有效性和进行自我评估的监管原则建议。

对于已从事或者涉及影子银行业务的机构来说,需要分类疏导,稳步规范。

一是对于严格监管的机构，如商业银行、信托公司等，作为我们防范影子银行风险向正规传统商业银行体系传递的重要工作之一，重在各类影子银行业务防火墙的设立，以及确保其风险管理能力与其自身不断演化的商业模式和外部复杂的市场环境变化相适应。例如，很多银行都在寻求成为规模更大、综合化经营的银行，但却没有同步考虑如何设置内部防火墙。特别是对表外或有负债向表内的转移，跨行业风险传递可能造成的风险认识不足。再比如，客户多元化的融资渠道，对于商业银行的信用风险管理来说也增加了难度。比如某些过热行业或领域的融资，如房地产、基础设施建设、大宗商品融资，早些年的光伏行业、钢贸行业，就很容易形成一个行业或一个领域的影子银行业务，风险较大。企业除了从银行获得贷款，还发行集合债券、股票和信托产品，融资担保公司高杠杆率介入，企业互保、联保盛行，一些资金充裕的国企也参与借贷，有的企业甚至可能通过民间借贷融资。如此一来，银行无法全面和及时地了解客户的财务数据、杠杆率和风险状况的变化情况。因此，监管者应该提高监管要求，在行业内倡导银行全面风险管理的最佳实践。这方面，借鉴国际先进银行监控客户融资总量的一些良好做法将大有益处。值得注意的是，目前对商业银行提高资本和流动性要求的监管改革，也可能在一定程度上推动实体经济从银行体系外寻求融资，影子银行业务可能有进一步发展空间。

二是对于所受监管较少的机构，如各地小贷公司、融资担保公司：第一，要进一步厘清和协调监管机构及政府部门的职责分工，杜绝监管真空，构建更加完善、协调、统一的监管体系；第二，要提高监管有效性，加强对注册后日常经营活动的监管；第三，要在监管框架内引导这些资金更多地支持小微企业、“三农”等实体经济薄弱环节，在切实降低实体经济融资成本、促进实体经济与虚拟经济协调发展中，释放影子银行应有的“正向功能”。

三是对于目前尚无监管的机构，如私募股权基金等，则要认真研究是否须将其纳入监管框架，至少应对其业务开展情况和资金流动情况进行有效监测，督促其强化信息披露，减少信息不对称。应定期进行风险评估，对它们的系统性风险大小做出判断。对于高杠杆率或是仅仅为了监管套利的金融活动应加强监管。对于一些不受监管的民间地下融资活动，温州正在试点进行的民间借贷登记系统是一种尝试。然而，全国范围内，如何让其暴露在阳光之下是一大问题。

四是对于那些类似非法集资的无金融牌照的财富管理公司和理财公司等，则应尽快定性，确属非法经营金融业务的，应予以取缔。

三、规范我国影子银行业务面临的挑战

随着市场参与者的多元化和产品的推陈出新，在可预见的未来，影子银行业务还将继续发展。作为G20和FSB的成员，我国一直遵循影子银行业务监管的国际标准，但未来仍然还有更多工作要做，主要挑战来自以下三个方面：

（一）改进金融监测

第一个挑战是如何改进监测框架，以便识别和计量影子银行业务的规模和风险特质，这同样也是全球各国都正面临的一大挑战。

这一监测框架应该由两部分组成：一是准确的数据和全面的信息，二是可以识别和计量风险的高质量分析和研究。鉴于影子银行的出现一部分是为了监管套利，而且大多数情况下是没有监管的，因此数据的不一致性和不可获得性就成了各国在影子银行监管中遇到的普遍问题。目前有关中国影子银行业务规模和运作的信息都是零散和不定期收集获得的。如果没有足够的数据和信息，我们就难以准确、高质量地对其风险进行分析。

展望未来，我国急需改进影子银行业务数据的收集和监测框架。其中的一个选择是扩大中央银行对全社会融资总量的覆盖面，并测算影子银行所提供的信用转换和信用创造规模。提高数据的可获得性对于度量风险至关重要，对每项影子银行活动运作机理及其相互作用的认识是制定以风险为本的监管政策的基础。同时，必须注意到监测框架也应该有足够的灵活性、前瞻性，保持对可能导致监管套利和系统性风险的创新活动的敏感性。

（二）加强金融监管

第二个挑战是我国的金融监管如何对影子银行信用中介活动的兴起做出适当反应，即能够在强化风险监管的同时，又不产生新的监管套利活动，这也是全球金融监管者面对的另一大挑战。

影子银行业务监管的挑战不在于已经有严格监管的金融机构可能涉及的业务，这些业务的监管都有比较成熟的手段和措施可以采用。当然，对这些业务强化监管的同时，可能会推动一部分业务在监管套利的驱动下转入到金融市场的其他渠道

中。影子银行业务监管的挑战核心在于,我国目前存在于非正规监管机构之外的各种影子银行活动,这些活动的规范、引导甚至部分非法活动的取缔,需要多个部门的信息交流、合作与共识。在当前我国金融市场发展阶段下,如何通过监管,不是简单地去影子化,或限制影子银行业务规模,而是使其通过更高效的资金配置,对经济增长的贡献最大化,带来的金融风险最小化,这对各级政府部门和金融监管者是共同的挑战。

(三)加快金融改革

第三个挑战是如何推进金融改革,扶持更多的专业性金融机构发展壮大。

以信托业为例,虽然以资产规模计,它已超越证券和保险,成为仅次于银行的中国金融第二大组成部分,其管理的资产已从2004年的1 635亿元攀升至2012年末的7.47万亿元。但其中大量的是银信合作产品,信托公司很大程度上充当了银行的管道,其自主产品开发、市场营销和风险管理的能力仍然不足。除此之外,金融租赁公司、消费金融公司、汽车金融公司等其他非银行金融机构近年来发展速度也很快,逐渐活跃于市场。但是总的来说,除去核心业务,很多非银行金融机构仍然依附于商业银行,或是从事着"类银行"、"类信贷"的金融服务,缺乏独立、成熟、不易复制的商业模式。

如何引导这类金融机构专注核心业务,走专业化发展道路,而不仅仅成为银行的业务通道是未来我国金融改革和发展需要迫切解决的问题。这很大程度上依赖于技术、人才、健全的法律环境和发达的资本市场,但目前这些还有待完善。与此同时,非银行金融机构的壮大反过来也将有助于资本市场的发展和法律、监管环境的改善。这是一个相互作用、存在正反馈效应的良性循环。从另一个角度说,通过提升这些新型非银行业金融机构的专业化服务能力,本身也有助于其专注核心业务,而非在银行的影子下生长。同时,也有助于在竞争中规范和解决其他监管较少或没有监管的影子银行活动中存在的问题,使得各种融资渠道的信息更加对称,市场失灵更少,潜在系统性风险降低,金融消费者得到更加专业的服务和更好的保护。

参考文献

[1] 马宁.影子银行分析:短期持续增长;长期风险是抑制银行股估值[Z].北京高华证券有限责任公司研究报告,2013-02-26.

[2] 王培成,赵静婷.中国式影子银行[J].财经,2013(4).

[3] 中国金融四十人论坛.正视"影子银行"的发展[Z].CF40要报第34号,2013-01-21.

[4] Financial Stability Board. Shadow Banking: Scoping the Issues[R].April 2011.

[5] Financial Stability Board. Shadow Banking: Strengthening Oversight and Regulation[R].October 2011.

[6] Financial Stability Board. Global Shadow Banking Monitoring Report 2012[R].November 2012.

[7] Paul McCulley. Teton Reflections[R].PIMCO Global Central Bank Focus, 2007

[8] Steven L. Schwarcz.Regulating Shadow Banking[J].Inaugural Address for the Inaugural Symposium of the Review of Banking and Financial Law, 2012.

[9] Zoltan Pozsar etc. Shadow Banking[R] .Federal Reserve Bank of New York Staff Report No.458, July 2010, Revised February 2012.

China's Shadow Banking Issue in the Context of Financial Deepening

LIAO Min

(China Banking Regulatory Commission)

Abstract: This article briefly discusses the definition, scale and regulatory principles of shadowing banking issue. Through the comparison of Chinese and foreign shadow banking, the author concludes that, unlike the characteristics of high leverage and multi-asset securitization in the developed economies, we should put China's shadow banking business against its background of financial deepening and financial disintermediation.

From the perspective of policy-making, whether a variety of non-traditional bank financing activities should be attributed to the shadow banking should not be the focus of the problem. We should pay more attention to their formation mechanism, operation process and the interconnectiveness with the traditional banking business, in order to accurately determine the substance of their risk and the impact on the stability of the entire financial system, and to consider whether or not to introduce appropriate regulatory arrangements. There is no easy answer in striking the right balance between supervision and market self-discipline, but the policy challenges posed by shadow banking for China's financial monitoring, financial regulation and financial reform have to be addressed.

Key Words: Shadow Banking, Foreign Comparison, Financial Deepening, Financial Regulation

中国式影子银行:定义、估测及风险评估

◎钟 伟

摘要:本文对影子银行系统的定义进行了比较,在采取美联储定义的基础上,提出了中国影子银行系统的上下限规模的估测方法,目前其规模大约为18万亿元,比普遍估测的规模要小,更远低于金融稳定理事会的估测。中国影子银行的发展处于雏形,期限错配和收益错配为其表象风险,地方财政信用和私营部门信用薄弱是风险本质,未来3—5年,中国影子银行系统的潜在不良率为8%—12%,中国金融体系尚无系统性金融风险,化解影子银行金融风险的关键,不仅在于防范重点风险暴露部位、增加透明度、建立银行和影子银行之间的"防火墙",在很大程度上,也依赖于财政、金融的转型,以及国有和私营企业融资关系的合理化。

关键词:影子银行系统 社会融资规模 利率市场化 分税制改革

本文对影子银行系统的定义进行了比较,在采取美联储定义的基础上,提出了中国影子银行系统的上下限规模的估测方法,目前其规模大约为18万亿元,比普遍估测的规模为小,更远低于金融稳定理事会的估测。中国影子银行的发展处于雏形,期限错配和收益错配为其表象风险,地方财政信用和私营部门信用薄弱是风险本质,未来3—5年,中国影子银行系统的潜在不良率为8%—12%,中国金融体系尚无系统性

作者钟伟系上海新金融研究院副院长。

金融风险，化解影子银行金融风险的关键，不仅在于防范重点风险暴露部位、增加透明度、建立银行和影子银行之间的“防火墙”，在很大程度上，也依赖于财政、金融的转型，以及国有和私营企业融资关系的合理化。

一、从可测和可控看影子银行系统的界定

对于影子银行的研究，不同的研究定义的口径不同，导致结果也大相径庭。因此很有必要对影子银行系统的定义进行规范，使影子银行在统计意义上具有可测性，在政策监管上具有一定的可控性。

影子银行系统在次贷危机前获得了长足发展，但并未引起足够关注。危机后，G20、金融稳定理事会（Financial Stability Board, FSB）、巴塞尔银行监管委员会(Basel Committee for Banking Supervision, BCBS)、欧洲央行(European Central Bank, ECB)、美联储(Federal Reserve Board)等均提出应当注重影子银行系统，并考虑具体的监管框架，由此影子银行系统在全球范围内得到重视。

影子银行的提出，最早并非源自学术界，而是太平洋投资管理公司的麦卡利提出的，主要指的是没有银行之名但有银行之实的金融机构，这一点并无争议，但此后，针对影子银行的定义开始分化。

美联储主席伯南克将影子银行定义为：除接受监管的存款机构以外，充当储蓄转投资中介的金融机构。该定义侧重点在于，一是以金融机构为中介；二是这些金融机构的功能实质，是将储蓄转化为投资。

纽约联储将影子银行体系定义为：从事期限、信用及流动性转换，但不能获得中央银行流动性支持或公共部门信贷担保的信用中介，包括财务公司、资产支持商业票据发行方（ABCP conduits）、有限目的财务公司（LPFCs）、结构化投资实体（SIVs）、信用对冲基金、货币市场共同基金（MMMFs）、融券机构和政府特许机构（GSE）等。该定义侧重点在于：一是强调包括金融和类金融机构的中介；二是强调吸收储蓄转为投资，但不能获得央行流动性支持。

英格兰银行将影子银行定义为：提供流动性、期限错配和提升杠杆率，从而在不同程度上行使银行核心功能的机构、工具、结构或市场，如货币市场共同基金、结构化投资实体、资产支持商业票据、资产支持证券化（ABS）市场等。此定义和美联储十分接近。

IMF对影子银行的定义为:主要包括非正式部门金融(典当行、小额贷款公司,民间借贷等)、私募股权(PE)和财富管理产品(WMP)。

金融稳定理事会对影子银行的定义有泛指化的倾向。2011年4月,其将影子银行定义为:在银行监管体系之外,可能引发系统性风险和监管套利等问题的信用中介体系。金融稳定理事会新近发布了对全球影子银行系统的评估报告,其对影子银行的定义扩展为:由(部分或完全)在正规银行体系之外的实体及业务活动所构成的信用中介。这个定义是非常宽泛的,一是影子银行既可能包含在银行体系之内,也可能在此之外;二是影子银行既可能涉及中介机构,也可能仅仅是一种活动;三是不再强调影子银行的活动是否受到监管约束,是否可能引发系统性风险。按照这样宽泛的定义,除了银行,以及在场内进行的权益融资之外,几乎所有的机构或者活动,不管是金融还是非金融机构,不管是有机构还是没有机构,只要其活动具有信用中介的特性,就统统被纳入影子银行系统。正是在这个宽泛定义下,才有了FSB对G20影子银行系统规模超出其GDP的惊人估算。

我们认为,美联储对影子银行的定义较为合理,FSB对影子银行的定义既不具备统计上的可测性,也不具备政策建议上的可控性。第一,美联储的定义要求金融或类金融机构的介入,这就为央行或监管当局的介入提供了可能性。如果按FSB的宽泛定义,影子银行可以是信用活动(例如民间融资),这将导致统计上的不可测和政策上的不可控。第二,影子银行的活动必须具备储蓄向投资转换功能,且得不到央行流动性支持。因此,银行系统表内资产所包含的影子银行活动,不会超过其交易类账户的规模。第三,综合考虑美联储、英格兰银行和IMF的定义,影子银行的活动具有明显的交易特性,或者说其具有“发行即死亡”的特征,发行市场庞大而交易市场很小。

二、中外影子银行系统具有明显差异

在评估中国影子银行的规模和风险之前,有必要对中外影子银行的差异性进行分析,否则可能导致对影子银行理解和判断上的巨大差异。中外银行业的显著不同在于:中国银行业因国内较高的储蓄率支撑,贷存比较低,交易账户和表外业务规模较小;中国银行业业务相对简单,不具备资产证券化和衍生化等复杂业务;中国银行业处于金融混业和利率市场化的初期,已有一定程度的资本性脱媒和技术性脱媒,但非银行金融机构和类金融机构还不是主体。在这样的前提下,我们展开对中外影子银行的差异比较。

在西方金融系统中，影子银行系统的业务更为批发化、更偏重于场外交易，以及对杠杆更为偏好。其主要业务建立在衍生品、证券化及再证券化工具等方面，这些金融工具被不同的金融和类金融机构所运用，形成了复杂的对手方交易网络。证券化是贯穿影子银行系统最重要的业务，支撑了整个影子银行系统的运作。典型的美国式影子银行具有复杂衍生、场外交易、杠杆高、批发化的特点，简述如下。

基于衍生化的恶意定价。引发次贷的信用衍生产品，其产品结构和风险定价，都相当复杂，数学家看不懂其中的金融含义，金融学家则看不懂其中的数学含义，与其说这类产品是被华尔街"错误定价"，不如说是被违反道德地"恶意定价"。迄今中国虽然在结构化产品的设计方面有所进步，但远未达到西方证券化衍生品的复杂程度。

基于场外化的流动性缺失。通过SPV场外交易，影子银行的资产往往具有庞大的发行市场，但几乎不具备有流动性的交易市场。或者说，影子银行资产的重要特性，就是"发行即死亡"。贝尔斯登在次贷危机全面爆发前，曾试图拍卖一笔品质最好的AAA级的CDO，但当时很少有类似资产的交易市场，最终竞价的结果,意味着哪怕是评级最好的CDO也需要较大折扣率之后按垃圾证券出售，这是导致恐慌在华尔街蔓延的重要事件之一。中国式影子银行中，覆盖的机构、产品如此广泛，其中可能包含一些流动性不佳的产品，尤其是未能符合银监会"一一对应原则"的非标类产品，但通常银行承兑票据、信用证、小额贷款等，期限短而流动性较好。真正缺乏流动性的，可能是地方政府的平台债。

基于批发化的高杠杆运作。美国影子银行系统的杠杆率高，也呈现批发化的特点。杠杆高的机构包括对冲基金、投资银行等。当时影子银行系统内，资产的主要买家是保险资产管理公司、养老金和年金机构，以及一些共同基金。在中国则不同，影子银行系统的发展，很大程度上是由于商业银行承受了利率市场化以及严格的监管要求，迫使其将资产腾挪到表外、机构外，以逃避监管，追求高收益。杠杆可能有所放大，但和美国式的影子银行还是不可比的。不断强化的资本金充足率要求，使中国银行业，甚至整个金融行业的加杠杆进程迟缓。但不可否认的是，中国影子银行体系内的金融产品，其定价是否足以覆盖风险，尚待检验。

但是，中国影子银行也具备西方影子银行的一些共性，这集中体现在期限错配与收益率错配。

中国影子银行体系包含期限错配风险。常见的理财产品期限为1至3个月，一般不超过1年。但银行理财产品的投资对象却是期限长得多的资产,例如期限长达6—7年的城投债。为了应对期限错配,银行通常使用“一一对应原则”的资产池来管理理财资金。银行将出售各类理财产品的资金统一放入资产池中,进而投资于各类资产。此后,银行用从所投资资产处获得的分红来偿付到期的理财产品的本息。即使部分被投资资产出现质量问题,但只要银行能够通过继续出售理财产品获得资金补充,从整体上而言就不会出现理财产品的违约。这种方式有助于银行缓解期限错配风险,但远不足以覆盖重大投资损失带来的波及效应和系统性风险。

中国影子银行体系包含收益率错配风险。从整体上来看,影子银行资金池资产方的投资收益率有可能低于负债方的投资收益率,造成理财产品最终难以还本付息,甚至出现系统性违约。据英国《金融时报》统计,中国影子银行资金提供方的年化收益率在10%左右,显著高于6%的一年期基准贷款利率。目前影子银行的主要融资对象包括房地产开发商、地方融资平台与制造业企业。房地产中长期前景、地方政府负债前景以及制造业的去产能化前景,都尚不明朗。它们在长达3—5年的未来中,能否偿付高达10%的利息,是中国金融体系面临的严峻考验。

考虑到西方和中国影子银行系统明显的差异性,我们也许可以说,中国影子银行系统尚处于发展的雏形,因此对中国影子银行进行规范和监管的难度,比西方要小,其风险根源也更为简单可寻。

三、中国影子银行系统的规模估测

西方影子银行系统的复杂性,带来了金融稳定理事会(FSB)对2011年全球影子银行系统统计的惊人数据:全球影子银行系统资产超过60万亿美元,其中美国是23万亿美元,欧元区是22万亿美元,英国是9万亿美元。G20国家影子银行系统的规模为GDP的110%。IMF也在其新近的《全球金融稳定报告》中,对中国影子银行表示担忧。对中国式影子银行定义的多样化,导致了估测结果差异较大。

2010年,沈联涛估计当年中国影子银行的规模已经达到了20万亿元以上。但其似未明确告知其统计口径和方法。

2012年底,有券商研究报告认为,从信用中介角度出发,信托、委托贷款、未贴现银行承兑汇票、企业债,以及民间借贷活动都应包含在内,中国的影子银行系统规模大约为GDP的一半,也就是20多万亿元的规模。

2013年，刘煜辉给出了中国影子银行系统较为详尽的估测。其将影子银行分为银行表内和表外两部分。关于表内部分的影子银行：按照“区别于正规信贷业务的其他债务融资方式”这一定义口径，根据央行公布的非存款性公司的资产负债表，估计银行表内的影子业务的规模可能在10万亿元左右。关于表外部分的影子银行：至2012年10月，信托资产规模约为6.98万亿元（其中50%为通道业务，其他部分属于对社会直接发售的高收益产品、企业债券、券商资产管理产品），再算上未贴现的票据（5.6万亿元）和民间借贷（央行调查估计为3万亿—4万亿元），表外影子银行系统的规模约为16万亿元，那么，中国式“影子银行”的规模估计在26万亿元以上。

2013年，沈建光提出了其估计方法。统计在央行社会融资规模口径之下的未贴现票据、信托和委托贷款余额为13.7万亿元。在这个基础上，社会融资规模中未包括的信托资产和民间借贷在7.2万亿元左右（民间借贷估计为4万亿元），由此估算的“影子银行”总规模为20.9万亿元左右。如果再加上非银行持有的企业债券，这个数字将达到24.4万亿元，占GDP的46.5%。

上述估测还不是最广义的，有研究报告认为，在中国，银信合作理财、信托、地下钱庄、小额贷款公司、担保公司、典当行、民间金融、私募投资、对冲基金等非银行金融机构贷款，都算是影子银行系统的组成部分，其信用中介活动都属于影子银行系统。因此，定义的不明确带来了规模估测的差异。从机构分类角度来看，只有商业银行传统的贷款活动、企业在交易所内发行股票和债券的活动，才能被勉强排除在影子银行之外；从产品分类角度，则只有银行信贷、沪深A股股票和债券、国债、央行票据和金融债才能勉强被排除在影子银行体系之外。

我们认为，上述估测的缺陷在于：一是没有金融或者类金融机构作为中介的活动，最好不要纳入，例如民间融资不应纳入，其受民法制约；而地下钱庄活动则应纳入，其受金融法规制约。二是资产或者负债方应只统计单侧，而不应资产加负债地重复计算，或者说，必须分清影子银行系统的“类存款”和“类贷款”活动，进行单侧计算，如信托贷款和委托贷款，和银行理财产品不宜简单累加，依据通道和非通道性质，两者存在重复计算。三是即便单边计算资产侧或者负债侧，也可能存在重叠，例如银行理财产品可能和未贴现承兑票据、企业应收款、短融等存在重叠。四是应当关注数据是否可测，以及数据本身是流量还是存量，例如社会融资规模是流量，而影子银行系统的大量活动，也存在发行和到期问题，需要谨慎甄别。

我们认为，中国影子银行规模的上限，大致可界定为M_2和银行信贷之间的差额，即截至2012年底，影子银行系统上限规模不应大于32万亿—33万亿元。中国影子银行规模的下限，就流量而言，不应小于年度社会融资规模和信贷新增的差额。央行社会融资规模是基于居民原则、金融中介原则、实体经济融资原则建立的缜密的流量统计体系。如此推算2012年影子银行的流量不小于7万亿元，但要将其累加为余额数仍存在困难。截至2020年底，中国影子银行的合理规模约18万亿元，是规模上限的50%。这与目前较为普遍的25万亿元影子银行规模估测值，剔除民间融资和重复计算后的数值接近。

四、从历次金融整顿看影子银行系统的风险本质

中国历史上曾经发生过的金融混乱，使人们对影子银行系统的发展深深忧虑。改革开放后，中国曾大力整治信托业，整治"金融三乱"，仅在1982—2007年间，就发生了六次较大规模的治理整顿，这些历史教训和惨痛的代价，使金融当局不可能不对影子银行系统心怀警惕。

我们不妨回顾一下。六次整顿的第一次整顿是1982年，当时基本建设规模过大，其中信托贷款所占比重较大，央行决定对信托行业进行整顿。

第二次整顿是1985年，地方政府利用信托吸收存款发放贷款，信托沦为地方政府的"钱袋子"而几近失控，央行不得不发布《金融信托投资机构管理暂行规定》，明确框定信托资金来源。

第三次整顿是1988年，"金融三乱"(乱集资、乱拆借、乱贷款)现象严重，迫使国务院决定全面清理各级人民银行越权批设的信托投资公司。

第四次整顿是1993年。信托高息揽存，整顿后银行业与信托业脱钩。

第五次整顿是1998年，央行牵头成立了整顿"金融三乱"工作小组，众多规模小、资不抵债的信托公司被撤销，239家信托公司最终被批准重新登记的只有约60家。

第六次整顿是2007年，监管层对信托业实施分类监管，对信托公司换发新牌照。

这些治理整顿，和目前的影子银行系统有什么一脉相承的地方？一是银行之外的信用中介活动似乎始终存在高风险。原因既有可能是银行受到较为严格的监管，也有可能是银行外的融资活动，其融资利率仍不足以覆盖风险，或者融资违约行为得不到法律体系的严格惩戒。二是地方政府和地下钱庄始终存在融资饥渴。这既可能是地方政府财力收支失衡或信用不足所致，也可能是国有经济部门占用了大量金融

资源,使私营部门不得不冒险融资所致。三是“类信贷”融资活动始终是焦点,六次整顿的重点,无非是非银行机构从事或者变相从事非法吸收公众存款、发放贷款、票据贴现、资金拆借、信托、金融租赁、融资担保等活动。这些在历史上被称为乱办金融业务,在今天则很大程度上被称为影子银行系统了。

从历史中寻找线索,我们大致可以认为中国式影子银行系统和“金融三乱”的本质差异不大,其风险特性在于“三高”:一是地方融资冲动和信用约束缺失。分税制至今,如果没有土地财政和平台融资,地方财力恐怕难以为继,地方政府的信用水平,很大程度上决定了影子银行系统的风险水平。二是民营企业的融资冲动和违约浪潮。考虑到庞大的国有企业所占用的金融资源,以及对银行的谈判能力,这决定了民营部门金融资源的匮乏。这在目前表现为房地产、光伏、钢贸等重点领域的融资风险。三是融资成本虽高,但仍不足以覆盖风险。目前“影子银行”业务资金提供方一年期以上年息大都在10%左右,远高于一年期银行贷款6%的基准利率。地方政府或实体经济恐怕难以承受这样的资金成本。借新还旧和债务展期成了必然和唯一选择。随着时间的推移,这“三高”问题,往往在问题得以暴露,司法体系在介入违约处置之前,整个金融体系就已提前进入规范整顿阶段,使金融体系始终难以对风险进行合理定价。

五、中国影子银行系统的结构性和总体性风险评估

按涉及金额的大小,我们对各类业务的风险进行结构性和总体性简述。

第一,民间融资。既然是民间融资,那么就是一种非正式制度安排,在统计和监管上都有难度。将民间融资纳入影子银行系统可能并不妥当。这块融资还是只能“民不举,官不究”,如果风险暴露,通过民事诉讼来解决比较好,而不是政府的大包大揽。许多极高利率的非法集资案中的苦主,其实在集资活动中,很明显是贪婪战胜恐惧,甚至忘记了常识,让这些苦主通过诉讼主张其权利,比政府出面包揽要好得多。现在民间融资的风险点,在于有机构介入的地下钱庄活动,网上交易平台中类似“人人贷”这样的融资活动,其违约风险也值得关注。或者说,有机构介入的民间融资,是风险重点监控部位。

第二,地方投融资平台。其中可以分为两大块,一块是在银行体系内,银监会的数据显示,其余额大约是9.2万亿元;另一块是在影子银行系统内,余额在3万亿—8万亿元之间。目前地方政府的年税收大约2万亿元,土地出让等非税收入大约3万亿

元,假定地方财力是财政收入10万亿元总规模中的7万亿元,地方投融资平台的风险显然在积累。平台负债余额每年的利息可能在1.5万亿—2万亿元之间,这决定了地方财力每年至少增长20%以上,新增财力才能覆盖债务利息。如果没有新的分税制改革,地方政府基本已丧失了地方债务的偿还能力。从《预算法》的修改,到县域财政整固计划,似乎折射出中央已经关注到了地方债务问题,这块是中国式影子银行中,风险最容易失控的部分,地县债务状况尤其令人担心。要从根本上化解此类风险,需要启动新一轮财税体制改革。

第三,理财产品。余额为7.3万亿元,其中大部分投资于货币市场,商业票据和信托产品,有的甚至纯粹是商业银行为冲击时点数而设的,是储蓄替代产品。另外,票据规模也较大,但中国票据法要求票据有真实交易合同为背景,理论上纯粹的融资性票据是难以存在的。票据市场的高潮在2011年上半年银根最紧张的阶段,目前市场明显降温。所以我不认为理财产品或者票据会出现特别大的系统性风险。也有研究认为中国目前的理财产品余额在13万亿元,其中80%—90%为非保本理财产品,即风险暴露约为10万亿元。

银监会2013年3月下发《关于规范商业银行理财业务投资运作有关问题的通知》,治理银行理财产品,规定了非标产品的产品占比不得超过35%,业务占比不得超过银行总资产的4%,从产品占比和总资产占比双限看,前者是短期约束,后者是中长期约束。估计截至2012年底,理财产品余额为7.1万亿元,其中非标类的占比为30%—40%,也就是说在年内,一些非标产品占比较高的银行可能会有短期压力。从另外一项限制性指标看,非标理财目前离银行总资产的4%尚有距离(银行总资产约133万亿元,占比为4%即相当于5.3万亿元)还有距离,但35%的占比是短期抑制,促使了银行在接下来的10个月努力规范非标类产品;而4%的总资产占比则是长期抑制,此后理财产品的总体发展态势,将受到银行资产膨胀速度的明显制约。因此,此类产品的风险渐渐纳入可控轨道中。

第四,企业债。估计银行和非银行大约各持3.5万亿元。企业债在中国有严格的发改委审批程序,除了少部分工业企业的债券之外,风险大体上并不比银行贷款更高。至于短融和中票,风险也还不大。对企业债而言,更为重要的是,应建立起相应的二级市场,避免发行庞大交易缺失的期限错配风险。

第五,集合信托。这部分可能接近4万亿元,其中房地产信托的短期风险在温和下降,但中国房地产从中期看正处于供过于求的见顶阶段。工业企业信托和平台信托的情况比较令人担心。从上市公司的负债率来看,目前负债率处于2003年以来最高,显示企业的并购破产还没有开始。对此需有足够关注。

就总体风险而言,中国经济处于增长率平台的下移过程中,银行业风险大致可控,影子银行风险大于银行业,但离引发系统性风险仍有距离。

关于中国银行业的总体风险。中国商业银行不良贷款规模和比重出现反弹,多种方式测算表明,目前,中国银行业的不良贷款率仍然保持在2011年初以来的0.9%—1.1%范围之间,总潜在不良贷款率为4%—6%。中国金融四十人论坛的研究表明:一是从历史比较看,工业企业的利息保障倍数(即企业现金流和利息支出的比例)显示,当前情况与2004/2005年高度相似,当时中国上市银行的不良贷款率处于3.5%—5.3%的区间。二是从国际比较看,目前A股公司的隐含不良贷款率接近于2002年的香港、2004年的印度和2000年的台湾。上述特定时间和地区的上市银行平均不良贷款率分别为3.2%、4.0%和5.8%。三是从压力测试看,假设工业和采矿企业、地方政府融资平台、包括钢铁及其他大宗商品经销商在内的批发零售行业的潜在不良贷款率分别为10%、15%、10%,那么这意味着总潜在不良贷款率将达到约5.2%。

关于中国影子银行系统的风险,由于缺乏历史数据,我们只能有些武断地假定,从利率和风险的对应关系看,影子银行的不良率可能加倍于银行业,即中国影子银行系统的总潜在不良贷款率为8%—12%。综合加权中国银行业和影子银行系统,即便中国面临增长转型和金融转型,其潜在不良率落在低于8%以内应是大概率事件。

我们倾向于认为,高达18万亿元左右的中国影子银行系统,其扩张既有进步性也有风险性;其风险表象主要是期限错配和收益错配;其风险本质仍然根植于形成"金融三乱"的财政和私营部门的融资困境和信用薄弱;其总体风险比银行业风险为大,但处于可控阶段。对影子银行系统存在问题采取"在线修复"的方式更为可取,一是加强对重点领域融资风险的管控。关注小企业、钢贸、光伏、个人经营性贷款、房地产、政府融资平台等部位的风险暴露。二是短期内增加国家投资预算及国债发行,来控制及约束城投债发行,中长期内需要启动新的税制改革。三是强化影子银行体系的透明度,建立银行与非银行金融机构之间的防火墙。四是加速国有资产管理体制的改革,抑制国有企业占用过多的金融资源。五是推动和影子银行金融产品相关的交易市场体系的建设,产权交易市场是中国经济改革的重要创举,金融资产交易所很可能成为增强影子银行系统流动性的突破口。六是建立处置预案,强化违约发生时的司法介入,防范道德风险,防止庞氏骗局的产生和蔓延。

参考文献

[1] 李波，伍戈. 影子银行的信用创造功能及其对货币政策的挑战[J]. 金融研究，2011(12).

[2] 王达. 论美国影子银行体系的发展、运作、影响及监管[J]. 国际金融研究，2012(1).

[3] 钟伟，谢婷. 影子银行系统的风险及监管改革[J]. 中国金融, 2011(12).

[4] Axel A. Securing Stability and Growth in a Post– crisis World [J]. Global Imbalances and Financial Stability, Financial Stability Review, No. 15, Feb., 2011.

[5] Ben. Bernanke. Testimony, Semiannual Monetary Policy Report to the Congress [R]. Board of Governors of the Federal Reserve System, 2009–02–24.

[6] FSA(Financial Services Authority). Regulatory Response to the Global Banking Crisis [Z]. March, 2009.

[7] FSB(Financial Stability Board). Shadow Banking: Strengthening Oversight and Regulation [Z]. October 27, 2011 & September 11, 2012.

[8] IMF. Shadow Banking: Economics and Policy [Z]. 2013–02–18.

[9] Nouriel Roubini. Financial Crises, Financial Stability, and Reform: Supervision and Regulation of Financial Systems in a World of Financial Globalization [R].Geneva: World Economic Forum, Jan., 2008.

[10] Paul McCulley.Teton Reflections [R]. PIMCO Global Central Bank Focus, Aug/Sept. 2007.

[11] Tobias Adrian, Hyun Song Shin. The Shadow Banking System: Implications for Financial Regulation [R]. Federal Reserve Bank of New York Staff Reports, No. 382, July, 2009.

[12] Zoltan Pozsar, Tobias Adrian, Adam Ashcraft, and Hayley Boesky.Shadow Banking [R]. Federal Reserve Bank of New York Staff Reports, No.458(07), 2010.

Shadow Banking System in China: Definition, Measurement & Risk Assessment

ZHONG Wei
(Shanghai Finance Institute)

Abstract: The paper compares the definitions of the shadow banking system and estimates its scale in China to be approximately 18 trillion Yuan. The booming of shadow banking system is in its early stage, its major risks include the term structure mismatch and yield mismatch. It is assessed that the potential bad debts ratio is about 8%– 12% within 3 to 5 years, and the policy recommendations include transparency enhancement, fire–wall between the commercial banking system and the shadow banking system, further reform of tax–sharing system in China.

Key Words: Shadow Banking System, Aggregate Financing to the Real Economy, Interest Rate Liberalization, Reform of Tax–sharing System

中国影子银行业务的兴起及其风险

◎ 高善文 莫 倩 瞿 灿

摘要:本文认为,商业银行表外融资业务构成中国影子银行业务的主体。外汇占款投放放缓与商业银行表内贷款扩张受限,抑制了金融体系的货币信用供应能力,是影子银行业务加速兴起的重要宏观背景。以社会融资规模数据为基础,测算影子银行业务的规模在7.1万亿—21.9万亿之间,10.8万亿元或许是偏中性的估计。过去几年企业部门积累了比较显著的资产负债表期限错配,给影子银行、商业银行、金融市场,以及实体经济运行带来了很大的风险,值得关注。

关键词:影子银行 货币信用供应能力受限 规模 期限错配

引 言

过去数年,影子银行规模迅速膨胀,对金融市场和实体经济运行产生了越来越明显和广泛的影响,并成为各方热议的话题。这一体系产生的背景是什么?为什么会沿着我们所看到的路径发展?其内部蕴藏着怎样的系统性风险?如何加强或改进监管?围绕这些问题,市场参与者及政策制定者进行了非常热烈、有建设性的讨论。

关于中国影子银行的内涵与外延,各方意见并不统一。本文重点关注的是中国

作者高善文系安信证券股份有限公司首席经济学家,莫倩、瞿灿供职于安信证券股份有限公司。

由商业银行主导的表外融资业务，试图从货币供应角度探索其兴起的成因，以央行社会融资规模数据为基础估算其规模，从企业部门资产负债表期限结构角度观察其蕴含的风险，力求为分析和理解影子银行体系提供一些有启发性的思考。

一、中国影子银行体系的含义

综合2007年以来的各项研究，国外对影子银行的定义可以归结为：在传统商业银行体系之外，从事资产证券化活动，进行期限、信用或流动性转化的金融中介机构，它们不受巴塞尔III或同等程度监管，也得不到央行的流动性支持或公共部门的信贷担保。这些金融机构可以包括投资银行、结构性投资载体、资产支持商业票据、对冲基金、货币市场基金、债券保险公司、财务公司等等。传统渠道（商业银行、评级机构等）为影子银行提供的一切支持，也属于影子银行活动。

中国金融创新程度不高，资产证券化发展不成熟，各方对中国影子银行机构和业务的界定也很不清晰。讨论中，部分研究对影子银行体系的定义过于宽泛，例如，一些分析将信托资产管理业务和民间借贷业务悉数纳入。事实上，信托公司直接面向客户发行的信托产品以及民间借贷活动通常并不存在信用、期限或流动性转换，将其视作直接融资业务可能更为恰当。过去数年时间里，中国商业银行主动地将资产和负债从表内转移到表外以规避监管约束，本文认为，这一由商业银行主导的表外融资业务，构成了中国影子银行的主体。在这一过程中，其他金融机构多是通过向商业银行提供通道等方式，广泛地参与到影子银行的发展中。从这一层面来说，中国影子银行业务究其实质，是商业银行的影子业务，在具体实践中表现为商业银行通过信贷类理财产品实现资产负债表外化。

二、货币信用供应能力受限是重要宏观背景

中国主要口径的货币信用总量指标在过去两年多的时间里出现了不同程度的下降。例如观察M_2同比增速，2011年、2012年分别为13.6%、13.8%，较2000—2010年平均增速17.8%、2000—2008年平均增速16.5%显著地低。再比如观察社会融资规模指标，我们简单设定2001年底社会融资规模余额为本外币贷款、股票融资、债券融资余额的加总，忽略其他占比较小（2002年人民币贷款一项占比为92%）且数据不可得细

项，再累加历年新增额，可以大体估算出社会融资规模余额同比增速。计算显示，2011年、2012年社会融资规模余额同比增长18.5%、19%，低于2002—2010年平均增速21%，略低于2002—2008年平均增速19.3%。不过需要注意的是，央行公布的社会融资规模数据，并不是对企业和住户部门融资的全口径衡量，自有资金、FDI、海外筹资等等重要融资渠道，并没有计算在内。直接在社会融资规模余额上加总外汇占款余额数据，可以一定程度上纠正这一缺陷。计算社会融资规模和外汇占款总和的余额同比增速，2011年、2012年分别为17%、15%，低于2002—2010年均值23%、2002—2008年均值22%，为近十年来的最低水平，下降幅度显著(见图1)。

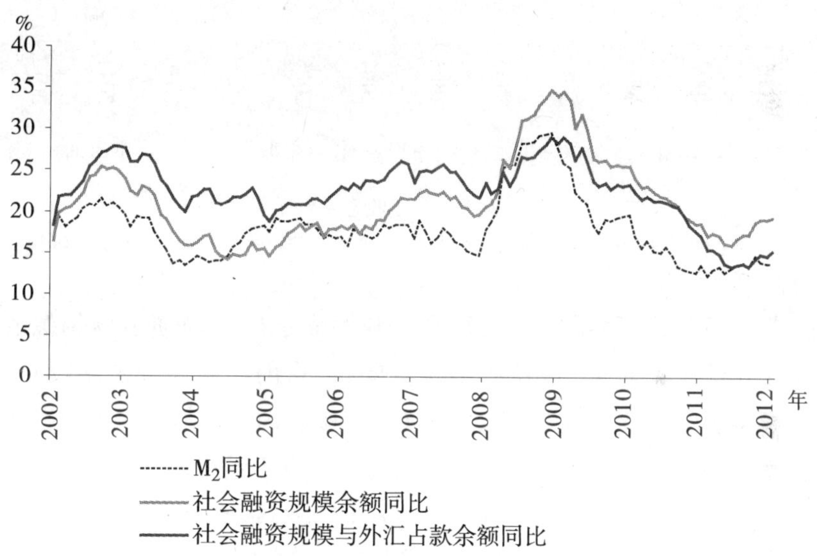

图1 M_2同比、社会融资规模余额同比、社会融资规模与外汇占款余额同比

资料来源：Wind、安信证券。

数据说明：社会融资规模余额同比，非央行官方公布数据，此处为作者测算值。

尽管在过去两年，经济急速下滑确实可能使得货币信用的需求有所下降，然而货币信用供应的收缩，可能是更为基本的原因。识别这一点的关键证据是，在货币信用供应增速下降的同时，各个市场利率中枢水平出现了比较明显的抬升。

在国债市场上，2012年在经济减速和货币紧缩结束背景下，各期限国债收益率出现了一定程度的下降，然而非常显著的是，此轮国债收益率下降的底部水平比其他时期(例如2002年、2005年和2009年)显著地高，1年期国债收益率的表现尤为突出(见图2)。

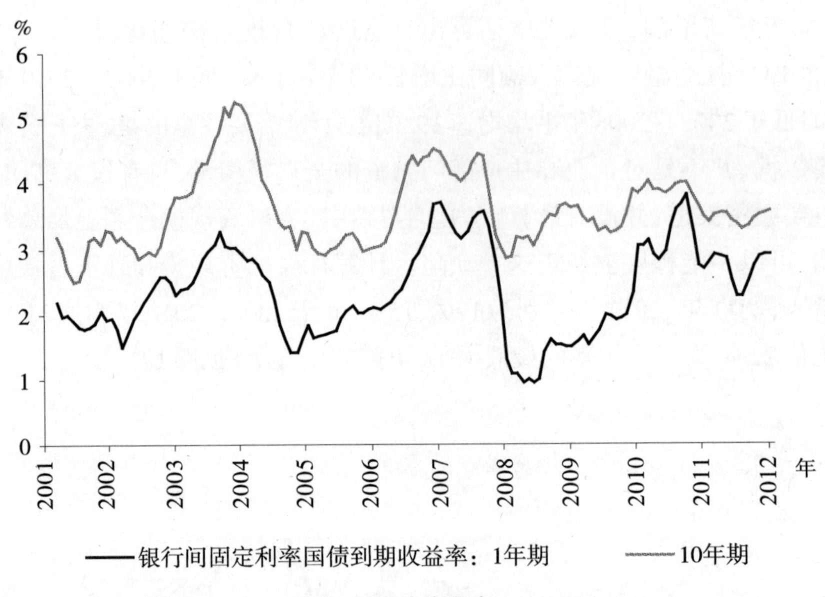

图2 国债收益率

资料来源：Wind、安信证券。

在信贷市场上，人民币贷款加权平均利率显示出与国债市场相似的结果。尽管直接融资规模越来越大、地位越来越重要，但目前在实体经济融资总量当中，通过信贷市场实现的资金融通占比，仍然超过50%，因此，信贷市场利率水平依然是全社会资金松紧情况的很好的衡量指标；另外，2003年到2004年底，贷款利率上浮限制越来越少，最终在2004年以后实现自由上浮，这使得银行体系信贷利率指标能够比较真实地衡量信贷市场资金供求状况。2011年、2012年，贷款加权利率年均水平分别为7.6%、7.1%，下行十分有限，与过去十年的历史情况相比明显地偏高（见图3）。

观察其他类型利率指标，比如6个月Shibor、6个月票据直贴价格等，大体指向了相同的结果。各市场利率中枢的抬升暗示，货币信用总量的下降，主要受到了供应收缩的影响。

货币信用供应收缩的原因是什么？过去两三年时间里，从总量层面来看，中国货币信用供应领域发生了两个影响深远的变化，这两种变化同时发生，使得金融体系货币供应能力受到了系统性的抑制，并构成了影子银行业务兴起的宏观背景。

第一，基础货币供应的变化。在《中国人民银行法》颁布以后非常长的时间里，

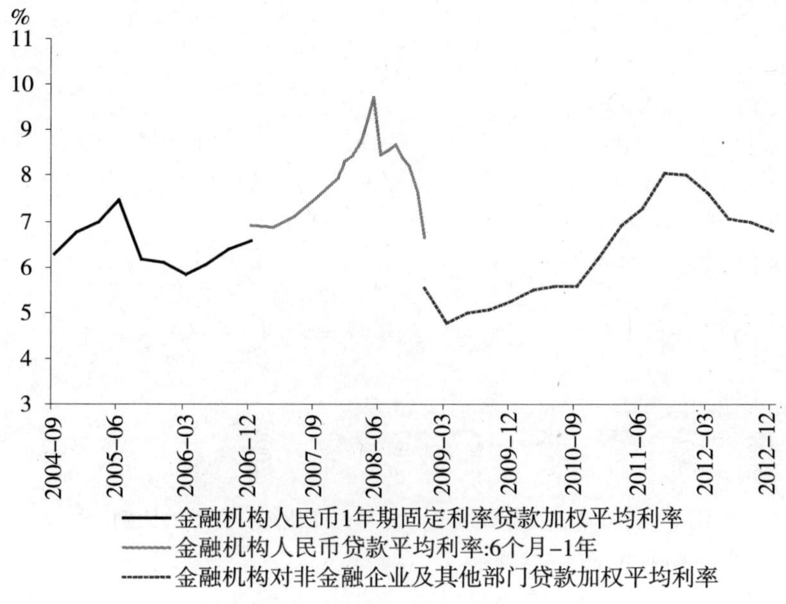

图3 人民币贷款加权利率

资料来源：Wind、安信证券。

中国基础货币供应几乎唯一的渠道，就是外汇占款的高速投放。然而，自2010年以来，这一局面发生了系统性变化，外汇占款增速较大幅度下滑，2012年更是下降至2%，显著地低于名义GDP增速。在没有其他渠道供应基础货币、货币乘数保持不变的条件下，外汇占款增速的下降必然使得货币信用的供应无法满足经济对其的合理需求。

第二，商业银行信用创造能力的变化。此前几年贷款规模的高速扩张，使得商业银行存贷比接近监管法规要求的上限，这在股份制及中小银行领域表现得尤其突出。进一步考虑到较高的存款准备金率限制和监管当局对资本充足率的要求，商业银行通过提高贷款倾向（贷款占总资产比例）来提升货币乘数的能力受到了比较严重的制约。简单地说，可以合并贷款和法定准备金，计算其占商业银行存款的比例。近两年，这一比例已经上升至85%附近，为过去十年来的最高水平（见图4）。

在基础货币供应放缓的情况下，商业银行本可以通过提升贷款倾向调节货币信用供应；然而过去两年多的时间里，基础货币供应的放缓与商业银行信用创造能力受约束同时发生，最终使得金融体系的货币信用供应能力受到系统性抑制。

图4 贷款与法定存款准备金之和占商业银行存款的比例

资料来源：Wind、安信证券。

三、近年商业银行表外融资业务的加速发展

货币信用供应结构层面变化的其中一个重要影响，是加速了影子银行的兴起。在信用供应受抑制、对信用需求仍然比较旺盛的情况下，商业银行通过主动发展表外融资体系，以规避存贷比、资本充足率和存款准备金等监管约束，从而提升其贷款倾向。近年来以理财产品为代表的表外融资业务规模迅速膨胀。

名义上，多数理财产品投资风险由客户自担，但实际上，笔者怀疑，商业银行表外业务的大多数风险，特别是其中的系统性风险，最终都要回到商业银行表内。在此意义上，影子银行业务也许会成为未来金融风险的策源地。

在中国的金融体系中，与其他类型的金融机构相比，商业银行拥有无可比拟的庞大的客户基础，这使得股票、债券、信托、保险等非银行类金融机构的产品，在许多时候需要借用商业银行的渠道和网络来销售。因此，在商业银行的资产负债表外，以理财产品为形式，促成非银行类金融机构完成融资过程，实现商业银行的渠道价值，本来是顺理成章和十分自然的。这一商业银行表外业务（带来中间业务收入）的快速发展，也已经有比较长的时间了。本文试图强调的是，由于前面讨论的宏观经济背景，在过去两年多的时间里，为了规避监管约束并提升信用供应能力，商业银行开始主动地把越来越多的资产和负债转移到表外。这一过程已经脱离了商业银行对渠道价值的追求，成为本文所讨论的“影子银行”的主要内容。基于商业银行渠道业务的非银行融资过程，则是金融体系中直接融资过程的组成部分，并非本文所讨论的“影子银行”体系的关键。

一个值得考虑的角度是，观察保本型理财产品收益率与同期限银行定期存款利率的差值。2004年以来，理财产品市场逐步发展，但到2010年之前，银行体系理财产品的发行数量仍然较少，其中保本型理财产品与同期限存款利率之差在70个基点附近波动；而2010年以后，理财产品数量迅速膨胀，同时利差扩大到110个基点以上，并在2011年和2012年继续爬升（见图5）。

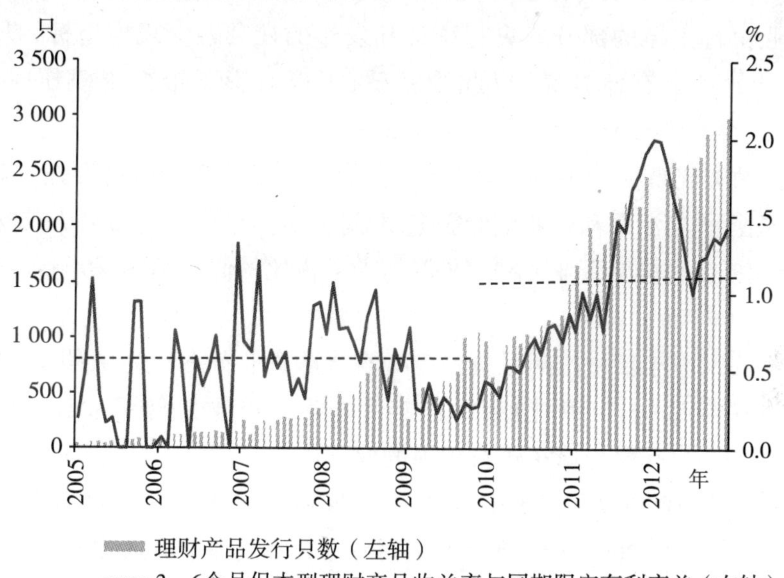

图5　银行理财产品发行只数以及3—6个月保本型理财产品与同期限定存利率差

资料来源：Wind、安信证券。

从商业银行的角度看，理财产品形成了对定期存款的替代，但成本更高，为什么商业银行愿意这一替代过程发生？关键原因在于理财产品节约了商业银行的资本消耗。

在均衡条件下，定期存款在表内对商业银行形成的净利益（利差收入扣除拨备和资本成本)与理财产品在表外形成的净利益(中介业务净收入)应该是相同的。因此,前述利差与商业银行的资本成本密切相关,利差在2010年以来的显著上升可以大体解读为商业银行资本成本的增长,其中主要的原因显然是贷存比、资本充足率的约束以及准备金率形成的限制。这也从另外一个层面说明,过去几年货币信用供应能力受限,加速了影子银行业务的兴起。

四、影子银行规模的测算

目前各方对影子银行的界定不同,对其规模的测算也因此相差较大。如果基于本文的界定,那么影子银行规模估算的核心,是如何在实体经济各类融资活动中剥离出由商业银行主导的部分。央行统计和发布的社会融资规模指标,是对传统货币信贷统计的一个有益补充,以此为基础,可以对影子银行规模作一个粗略的估算。

在社会融资规模结构中,商业银行开发的影子银行产品通过委托贷款、信托贷款、未贴现银行承兑汇票和企业债券等渠道,进入实体经济部门的负债或权益方。因此,对四类业务中直接融资业务和表外融资业务占比的假设不同,影响着对影子银行规模的测算。

假设1:假定历年新增四类融资业务中直接融资业务占比为0,假定2002年底四类融资业务余额为0。可以计算,2012年底四类融资业务余额为21.9万亿元人民币。显然,21.9万亿元是对影子银行规模的偏高估计。

假设2:假定2005年以前、2005年以及2009年,当年新增四类融资业务中影子银行业务占比为0。设定2005年以前为0,主要考虑其发展尚不成熟,2005年以前银行理财产品的发行规模比较小。另外,按照本文的理解,在实体经济流动性宽松时期,商业银行表内信贷的投放相当通畅,发展表外业务的动力并不强。从各市场利率情况来看,2005年、2009年,实体经济资金成本较低,流动性比较宽松。如此计算的2005年和2009年新增四类融资占新增本外币贷款的比例,完全代表着四类业务中直接融资业务的占比,再假定这一占比自2005年以来匀速提升,这便可以剔除历年四类业务中直接融资业务的数额,留下影子银行业务规模。这一假设背景下,2012年底影子银行规模为7.1万亿元。我们怀疑,这一估算对直接融资业务的发展过于乐观,从而低估了影子银行的规模。

假设3:设定2005年以前、2005年影子银行规模为0;2009年新增四类业务中,直接融资比例与影子银行业务比例为1:1;另外,由于2009年以后,商业银行越来越多地参与到表外融资的竞争中,在其挤压下,其他非银行机构自发开展的直接融资业务占比难以显著提升,转而通过向商业银行提供通道等服务从中获益,因此假定,2009年以后,四类业务中直接融资比例恒定不变,四类业务规模占本外币贷款规模比例的扩张,完全来源于商业银行推动的影子银行业务的扩容。在此假定下,2012年底影子银行的规模为10.8万亿元,这可能比假设1与假设2更为接近影子银行的真实规模数据。

表1 **影子银行规模测算** 单位:万亿元人民币

年份	假设 1		假设 2		假设 3	
	新增	余额	新增	余额	新增	余额
2002		0	0	0	0	0
2003	3 112	3 112	0	0	0	0
2004	3 297	6 409	0	0	0	0
2005	3 996	10 405	0	0	0	0
2006	7 330	17 735	1 165	1 165	1 607	1 607
2007	14 061	31 796	5 473	6 638	6 550	8 157
2008	13 994	45 790	1 732	8 370	3 781	11 937
2009	28 120	73 910	0	8 370	5 637	17 575
2010	47 020	120 930	22 229	30 599	29 005	46 579
2011	38 927	159 857	13 121	43 720	21 740	68 319
2012	58 700	218 557	26 992	70 712	39 210	107 529

五、企业部门资产负债表期限失配及其风险

影子银行体系作为一种金融创新,弥补了货币信用供求的裂口,也引起各方对其蕴含风险的担忧。本文关注企业部门资产负债表的期限失配,给影子银行、商业银行、金融市场以及经济运行带来的风险。

首先从企业资产负债表角度考虑问题,可以用企业短期贷款和短期信用债的供应来衡量企业部门短期资金融入,用企业活期存款来衡量企业部门短期资金融出。2011年之前,企业部门短期资金融入增速系统性地低于融出增速,2011年之后,这一关系出现反转,短端资金融入增速超越了融出增速,迄今已维持了两年多的时间(见图6)。

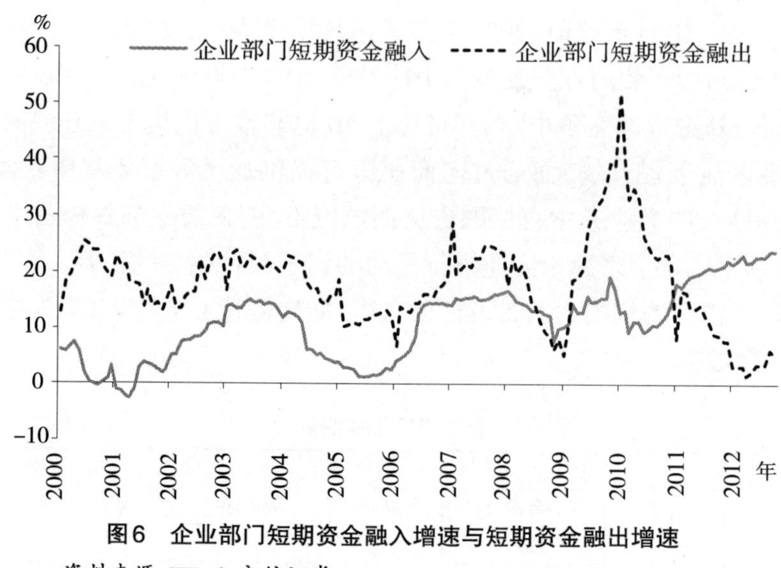

图6 企业部门短期资金融入增速与短期资金融出增速

资料来源:Wind、安信证券。

更直观地,可以对数据进一步加工,计算企业部门短期资金的净融入,考察其同名义GDP之比的变动。正常情况下,企业部门从银行获得大量的长期贷款,这些长期资金一部分用于固定资产投资,另一部分则用于满足企业的支付需求从而表现为活期存款的增长,这意味着,企业部门是长期资金的净融入方,是短期资金的净融出方。计算结果也显示,在绝大多数年份,企业部门全年短期资金净融入额是负值,而2011年以来,企业部门开始呈现短期资金的净融入(见图7)。

实际上,考虑到银行理财产品为企业部门提供的大量短期资金融入并没有在计算中表现出来,真实的企业短期资金净融入规模可能要更为庞大。企业部门从短期资金净融出方变为净融入方的原因是什么呢?

通常来说,一段时间里企业部门快速增长的短期资金净融入,有三个可供配置的方向:应收账款的增长、存货的累积、在建工程量的扩张。

20世纪90年代中后期,企业部门也曾出现过短期资金的大量净融入。当时这一状况的出现,可能主要源于三角债规模的扩张,企业之间相互拖欠货款,迫使它们大量融入短期资金来维持日常经营。此轮经济下滑的过程中,三角债大规模增加的可能性无疑很难排除,但从工业企业效益的统计数据来看,应收账款并没有出现比较明显的增长,2012年规模以上工业企业应收账款与主营业务收入的比例为9.0%,较2011年仅上升0.6个百分点。上市公司层面数据显示的情况是类似的。

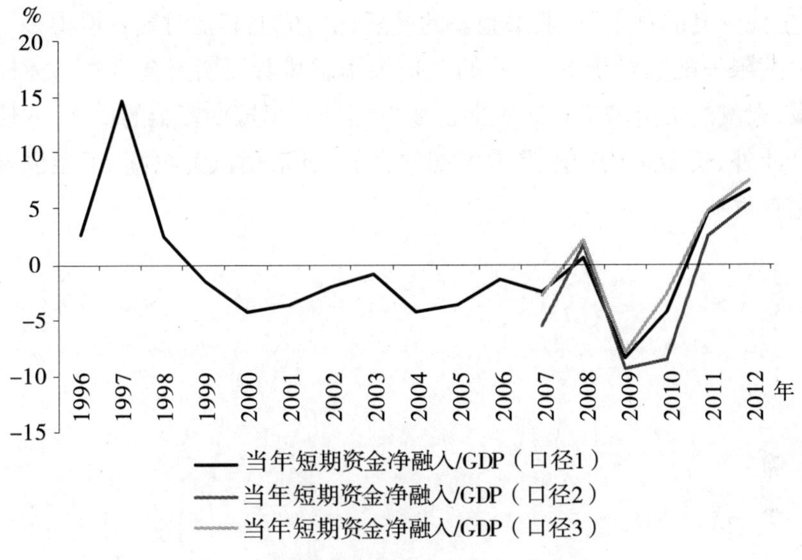

图7　企业部门短期资金净融入/名义GDP

资料来源：Wind、安信证券。

数据说明：当年短期资金融入(口径1)= Δ(短期贷款余额+1年以内的信用债余额)；当年短期资金融入(口径2)= Δ(短期企业贷款及票据贴现余额+1年以内的信用债余额)；当年短期资金融入(口径3)=Δ(短期贷款余额及票据贴现余额+未贴现银行承兑汇票余额+1年以内的信用债余额)；当年短期资金融出=$\Delta(M_1-M_0)$；当年短期资金净融入= 当年短期资金融入-当年短期资金融出。

一般来说，企业存货调整周期为2—3个季度，很难超过1年的时间，因此，可以合理地认为，存货变动不太可能是企业大量短期资金净融入的主要去向。计算规模以上工业企业存货占主营业务收入的比例，2012年为3.3%，较2011年的3.4%小幅回落了0.1个百分点，反映工业企业实际上出现了去存货行为。

因此，对于企业部门的短期资金净融入，本文倾向于接受的解释是，近几年来企业部门运用大量的短期借款来支持在建工程，或者说，在资金运用层面，企业短贷长用，正在积累明显的期限失配。

实际上从不同期限资金价格波动层面来看，也能够发现短期资金需求的异常。观察国债市场，本轮期限利差(10y-1y)的底部水平，要比过去(2005年、2009年等)更低，特别是在2011年下半年，收益率曲线异常平坦、近乎出现倒挂；而在货币紧缩结束、经济企稳恢复的背景下,期限利差的恢复比历史上其他时期要慢得多。在企业资产负债表期限失配的背景下,企业的短贷长用意味着短期资金价格的标杆是投资的长期回报,大量的资金需求转向短期市场自然推升了短期资金的价格,并使得期限利差收窄。此外,资金运用期限严重失配的企业,其信用风险更高,可能也对收益率曲线平坦化有贡献。

图8 国债期限利差(10y-1y)

资料来源:Wind、安信证券。

企业部门资产负债表期限失配是怎样产生的?2009年短期资金供应宽松、短期利率很低,这可能很大程度上引发了企业部门资产负债表期限失配,通过短贷长用,企业部门降低了融资成本。然而在随后的几年时间里,企业部门资产负债表的期限失配并没有解决,相反可能变得更为严重,并与加速兴起的影子银行业务紧密地联系在一起。造成这一后果的原因,可能来源于以下方面:一是由于风险监管、行业调控和货币紧缩等原因,商业银行传统业务对地方政府基建投资、房地产开发投资、房地产按揭等领域的长期资金供应受到抑制,引发融资平台企业和房地产开发企业的长期资金需求转向影子银行体系;二是大量中小企业因无法提供合适的抵押品,其长期资金需求转向影子银行体系,而利率市场化以及直接融资方式的竞争,也迫使商业银行较以前更加关注中小企业融资。

从产品统计来看,银行理财产品期限大多在6个月以内,这意味着,影子银行业务在弥补实体经济货币信用供求裂口的同时,加剧了企业部门资产负债表的期限失配。

企业和影子银行资金运用层面的期限失配,蕴含什么样的经济和金融层面的风险?

我们首先可以留意一下历史上美国储贷协会的经验。储贷协会的模式是通过吸引低成本短期资金用于支持长期住房按揭贷款。由于短期资金通常更便宜,在20世纪60年代之前这一经营模式为行业带来了合理的回报。而在70年代随着美国通货膨胀的高企、利率水平的上升,储贷协会的资金成本迅速攀升,然而其大部分资产的回报水平却在更早一些时候被锁定,这给行业带来了致命的打击。

在资金宽松时期,企业部门短贷长用,确实能够降低资金成本,不失为一项有利的融资安排,然而这一安排最大的风险,是在面对通货膨胀、货币紧缩和利率抬升时,企业资金链的可维持性以及投资活动的连续性显得极其脆弱。也就是说,期限失配的存在,放大了流动性紧张对实体经济、金融体系以及资产市场造成的冲击。本文认为2011年下半年民间企业资金链的断裂、投资活动的坍塌以及金融市场的表现,提供了比较近的案例。

参考文献

[1] 李波,伍戈.影子银行的信用创造功能及其对货币政策的挑战[J].金融研究,2011(12):77-84.

[2] 中国人民银行调查统计司与成都分行调查统计处联合课题组.影子银行体系的内涵与外延[J].金融发展评论,2012(8):61-76.

[3] FSB, Shadow Banking: Scoping the Issues[R]. Background Note of FSB, 2011.

[4] IMF. Restoring Confidence and Progressing on Reforms[R].IMF Global Financial Stability Report ,2012.

[5] Pozsar, Adrian, Ashcraft, Boesky.Shadow Banking[R]. Federal Reserve Bank of New York Staff Report No. 458, 2010.

The Rise and Impacts of Shadow Banking System in China

GAO Shanwen, MO Qian, QU Can
(Essence Securities)

Abstract: We argue in this paper that, off balance sheet financing activities dominated by commercial banks constitute the main body of shadow banking system in China. The slowdown of foreign exchange reserve accumulation and the constraints on the expansion of on balance sheet business of commercial banks, have suppressed the money and credit supply in the financial system, which also fuels the rapid development of shadow banking. Based on the social financing data, we estimate that the scale of shadow banking is between 7.1 to 21.9 trillion yuan, with a neutral estimation of about 10.8 trillion yuan. The significant maturity mismatch problem accumulated in the corporate sector in the past few years, brings great risk to the operation of the shadow banking, commercial banking, financial markets and the real economy, which should draw more attention.

Key Words: Shadow Banking, Constraint on the Money and Credit Supply, Maturity Mismatch

从改善金融结构角度评估"影子银行"

◎ 巴曙松

摘要：国际金融界对影子银行的讨论是围绕着系统性风险展开的，从本质上看影子银行是一种规避监管的金融创新，同时影子银行的定义、内涵及意义与各经济体的经济金融结构、金融发展阶段和金融监管环境密不可分。在当前中国金融业市场并不发达、以间接融资为主、融资渠道单一、金融工具匮乏、金融监管覆盖面广泛的金融环境下，对影子银行的界定应立足于中国金融体系的现实，从金融结构的严谨、经济转型的趋势角度来客观把握，特别是对于传统存贷款银行业务之外的金融创新，要以服务实体经济发展为大前提，权衡提高金融配置效率和金融监管的成本收益，抓住防范系统性风险的关键要素，避免简单搬用成熟市场的界定和监管方式。

关键词：影子银行　金融监管　金融创新

在反思金融危机的进程中，伴随着宏观审慎监管框架的讨论，国际金融界提出了影子银行的概念，并从防范系统性风险的角度对不受监管的信用中介机构提出了加强监管的要求。近期，随着对国内银行理财产品的热议，影子银行的概念再度引发各方关注。事实上，国际对于影子银行的讨论是围绕着系统性风险展开的，从本质上看影子银行是一种规避监管的金融创新，同时影子银行的定义、内涵及意义与各经济体的经济金融结构、金融发展阶段和金融监管环境密不可分。在当前中

作者巴曙松系国务院发展研究中心金融研究所副所长、研究员、博士生导师。

国金融业市场并不发达、以间接融资为主、融资渠道单一、金融工具匮乏、金融监管覆盖面广泛的金融环境下，对影子银行的界定应立足于中国金融体系的现实，从金融结构的严谨、经济转型的趋势角度来客观把握，特别是对于传统存贷款银行业务之外的金融创新，要以服务实体经济发展为大前提，权衡提高金融配置效率和金融监管的成本收益，抓住防范系统性风险的关键要素，避免简单搬用成熟市场的界定和监管方式。

一、影子银行的内涵及特征

影子银行(shadow banking)于2007年由美国太平洋投资管理公司执行董事麦卡利首次提出，随后由于其在此次国际金融危机中扮演的重要角色而被广泛使用，目前国际金融监管组织对影子银行的定义已经基本达成了一致。根据2011年4月金融稳定理事会(FSB)发布的《影子银行：范围界定》的研究报告，影子银行是指“游离于银行监管体系之外、可能引发系统性风险和监管套利等问题的信用中介体系(包括各类相关机构和业务活动)”。影子银行引发系统性风险的因素主要包括四个方面：期限错配、流动性转换、信用转换和高杠杆。

虽然金融稳定理事会对影子银行给出了较为明确的定义和特征描述，但是由于各国金融结构、金融市场发展阶段和金融监管环境的不同，影子银行的组成形式也各不相同。美国的影子银行体系主要包括货币市场基金等投资基金、投资银行等围绕证券化进行风险分散和加大杠杆等展开的信用中介体系，欧洲的影子银行体系则主要包括对冲基金等投资基金和证券化交易活动，而这些在欧美发达国家影子银行中占据主导地位的机构在当前中国的金融体系中尚不广泛存在。

对于“影子银行”这个概念在当前中国金融市场中的对应，金融界从不同研究视角对其进行了多维度的探讨，综合起来主要包括如下四个口径。最窄口径，“影子银行”仅包括银行理财业务和信托公司两类；较窄口径，包括银行理财业务和信托公司、财务公司、汽车金融公司、金融租赁公司、消费金融公司等非银行金融机构；较宽口径，包括较窄口径、银行同业业务、委托贷款等出表业务、融资担保公司、小贷公司和典当行等非银行金融机构；最宽口径，包括较宽口径和民间借贷。不失一般性，本文选择受到关注度最高，也是目前最为流行的较窄口径，即银行理财业务和信托公司等非银行金融机构作为所谓的中国“影子银行”进行讨论。

二、中国“影子银行”与欧美“影子银行”具有本质上的不同

根据上述定义和特征的描述，结合影子银行体系在此次国际金融危机中的表现，对影子银行的界定应主要包括如下三个方面：一是是否纳入正规金融监管的体系，危机前欧美的对冲基金等影子银行并未受到充分监管，这些机构在回购业务和资产证券化等金融创新的推动下不断扩张资产负债表实现低成本、高风险的运营；二是是否具有期限错配和高杠杆经营的特征，以及由此可能带来较高的单体风险，危机中欧美影子银行的负债以银行间借贷、商业票据等短期批发融资为主，却投资于期限较长、流动性较差的资产支持证券等资产，从而带来严重的期限错配问题，危机爆发前美国主要投资银行的资产负债表急剧扩张，平均杠杆倍数更是达到了40倍左右，危机期间激烈的去杠杆效应也加速了资产价格的大幅下跌；三是是否具有关联性和传染性从而带来系统性风险的可能，危机前通过业务往来和股权投资等方式，欧美影子银行体系和商业银行体系相互关联，使得危机发生时风险迅速从影子银行体系传染至传统商业银行体系，从而带来了系统性风险。根据这三类原则，虽然中国“影子银行”体系产生的基本动力是出于监管套利的目的，同样具有流动性转换和信用风险的特征，尽管还有一些风险环节需要强化，但是总体上其已经被纳入正规的监管体系内，并不具备可能引发系统性风险的高杠杆和期限错配的典型特征，同时其规模和风险也尚未对系统性风险产生巨大的影响。

第一，中国“影子银行”体系仍在金融监管的覆盖范围内。目前，银行理财产品已在监管部门现有的监管统计口径中，各商业银行发行的理财产品运行情况需定期报送监管部门，理财产品的明细也需报送央行纳入社会融资总量的口径。2005年发布的《商业银行个人理财业务管理暂行办法》和2012年实施的《商业银行理财产品销售管理办法》是银行理财业务的监管框架。监管部门对信托公司也已经实施了包括准入、资本监管（《信托公司净资本管理办法》要求信托公司净资本/风险资本之比大于100%）等在内的较为严格的管理。在《企业集团财务公司管理办法》、《企业集团财务公司风险监管指标考核暂行办法》、《非银行金融机构行政许可事项实施办法》、《汽车金融公司管理办法》和《消费金融公司试点管理办法》等规章制度的约束下，监管部门也已参照商业银行的监管要求，对相关非银行业金融机构建立了一套完整的审慎监管制度。

第二,中国“影子银行”体系不具备明显的高杠杆和大规模期限错配的特征。合规的银行理财产品的资金池应做到单独管理和充分的信息披露,使得每笔资金都有对应的资产,每笔收益基本可以覆盖风险(根据Wind的相关数据,当前银行3个月的理财产品预期年收益率为4.6%左右,低于6个月的短期贷款利率5.6%,同期6个月国债和央票的收益率约为2.7%和2.9%;根据美资券商盛博的估算,只有不到10%的理财产品提供高于5%的利率水平),这样理财产品的风险应基本接近于正规监管体系内部公募基金的类似投资产品。从理财资金投向的项目资产来看,超过90%的资产期限都在5年以内,期限错配程度与传统商业银行业务相当。对于信托公司来说,目前中国的信托公司既不得负债经营,也不能向银行贷款,不具备杠杆经营的条件,同时信托业务的资金实施封闭式运行,投资期限与项目期限要求一致,因此不具备高杠杆和期限错配特征。

第三,中国“影子银行”体系尚不具备引发系统性风险的可能。一是从规模来看,当前中国信托公司的整体规模较小,根据媒体报道和中国信托业协会公布的数据,截至2012年9月,银行业金融机构存续的理财金额6.73万亿元,全国66家信托公司总资产达6.32万亿元,占银行业总资产的5.2%,财务公司、租赁公司以及汽车金融公司和消费金融公司的资产规模则更小,总计不超过3万亿元,且拥有较好的资产质量和较充足的资本和拨备。二是从资金运用来看,理财产品中约有四成投向债券及货币市场工具,两成投向存款,两成投向项目融资类资产,仅有一成投向权益类资产及其他,这些资产的整体信用状况较好。信托资产中有四成用于贷款,长期股权投资、交易性金融资产投资、可供出售及持有至到期投资以及存放同业及其他各占一成。从投向来看,工商企业和基础产业各占四分之一,房地产和金融机构各一成,资金运用的安全性具有一定的保障。同时,为了控制房地产信托业务的过快增长,监管部门还出台了一系列房地产信托业务监管规定,实现了风险早期控制。三是从风险的传染性来看,针对信托公司与银行之间可能存在的风险传染,监管部门已于2011年初下发《关于进一步规范银信理财合作业务的通知》,明确银信合作业务的风险归属,要求商业银行严格执行将银信合作业务表外资产转入表内的规定,控制了银行体系与信托公司之间的风险传染,而其他金融公司通过商业银行借款金额占商业银行总体贷款规模不足1%,发生大规模风险传染的可能性较低。从银行的角度来说,出于声誉风险等原因的角度,银行愿意为理财产品兜底,而理财产品的规模仍在可控范围内,所以暂时不存在引发系统性风险的可能。

综上，基于不同的金融结构和相关功能特征，中国的“影子银行”体系与欧美的“影子银行”体系有着本质的区别，如表1所示，其在监管现状、规模大小、杠杆化程度、期限错配状况、关联性上都有明显不同，其表现出的风险特征也与欧美的影子银行有着本质的区别。更重要的是，与欧美金融市场中“影子银行”体系对商业银行核心功能的复制、以逃避监管为目的的快速扩张不同，中国的“影子银行”体系在很大程度上承担了提供直接融资、服务实体经济融资需求的功能，所以在当前金融结构还处于市场化推进的过程中、经济结构面临转型压力的背景下，对所谓“影子银行”进行监管时不仅应准确评估其带来系统性风险的可能，更应充分考虑其对金融结构的完善和经济转型的促进作用。

表1　中国“影子银行”和欧美“影子银行”的对比

项目	中国“影子银行”	欧美“影子银行”
监管现状	基本在监管范围内	缺乏有效监管
规模大小	约占银行总资产的13%	与传统商业银行规模相当
杠杆化程度	基本不存在负债经营	杠杆倍数约40倍
期限错配状况	零售融资为主，与传统商业银行期限错配功能相当	在回购和资产证券化作用下，以短期批发融资为主，期限错配现象较为严重
关联性大小	与传统商业银行业务风险基本隔离	通过股权投资和业务往来与传统商业银行风险高度关联
风险特征	业务定位不清晰、法律风险不明确等、刚性兑付下的道德风险	由于较高的关联性和传染性，易引发系统性风险
承担功能	提供直接融资、服务实体经济融资需求	与实体经济脱节、以风险分散和杠杆扩张等为重点功能，达到金融工具价格泡沫的自我实现
监管目标	防范系统性风险的同时，促进金融结构改善和经济结构转型	吸取金融危机教训，防范系统性风险

三、中国“影子银行”对完善融资结构和促进经济转型的功能

欧美金融体系中的影子银行是对已有监管体制的规避，其存在与国际金融界的金融自由化密不可分。与欧美的监管体系不同，在中国当前机构准入和业务牌照管制等的监管体制下，较难出现国际金融界定义中出现于信用中介链条中任意部分的影子银行，大部分的金融活动，即使是银行体系以外的金融活动也常常受到较

为严格的监管。从金融发展阶段和金融体系结构的大背景来看,在中国当前的金融管制体制内,所谓"影子银行"体系更多的是金融结构发展、融资多元化进程中的一个表现。

中国"影子银行"在现阶段的主要动力在于实体经济融资需求面受到特定条件限制时的市场选择。在一定意义上可以说,银行理财业务实质是一种利率市场化的试水,其发展将为进一步放开存款利率管制创造更好的市场条件。在金融管制的背景下,存款利率明显低于市场回报率,银行理财产品的出现为资金需求方和供给方搭建了桥梁。理财产品的收益率在一定程度上更加接近无风险资金的市场价格,与银行间同业拆借利率总体上处于同一水平(例如,2013年1月6日的7天拆借利率为3.6%,同期1个月的理财产品年收益率约为4.13%,远远低于同期的民间融资利率水平;根据温州市金融办公布的数据,同期温州民间融资综合利率高达26.2%)。同时,在存贷比75%的监管指标约束下,面临存款竞争压力的银行也可以通过发行高收益的理财产品绕开当前的贷款等管制。可以说,理财产品的发展正是利率市场化条件下银行经营转型的重要中间步骤,当利率市场化完成之后,银行可以通过自主定价的方式吸收存款,理财产品可能也会逐渐萎缩并出现其他形式的金融创新。从信托公司及相关业务来看,其实质也是满足市场需求和银行面对资本压力下一种表外资产转移行为共同作用的结果。因此,中国当前的"影子银行"体系更多的是金融结构变化背景下、融资多元化进程中的特定表现。

中国"影子银行"在当前环境下的意义在于修正金融抑制,提高金融体系效率。在当前单一融资结构的金融体系中,中国"影子银行"体系的存在有助于改变过度依赖银行传统存贷款业务的间接融资渠道,提供多元化的融资途径,尽管在这个转变的过程中可能会存在这样那样的问题,但是从整个金融结构变化的趋势看,积极意义应当还是占据主导地位。

第一,更好地服务于实体经济。在经济结构转型的大背景下,企业面临的风险和挑战不断提升,这本身就要求服务于实体经济的金融机构提供多元化的投融资渠道,特别是高风险的融资渠道。然而在金融管制的背景下,这些融资渠道常常受阻。而当前两成的理财产品和四成的信托产品投向实体经济,满足了实体经济大量的资金需求,使得社会储蓄向社会有效投资的转化更为便利,为经济结构转型和经济的增长提供了资金支持。

第二,提供多元融资渠道和投资工具。中国金融体系中间接融资的占比始终偏高,直接融资市场由于金融工具的匮乏和金融市场的不完善始终没有在融资体系中发挥应有的作用,这不仅使得金融体系的风险在银行体系大量积聚,也限制了金融资源的配置效率。银行理财、信托和财务公司等中国"影子银行"的存在,在为企业提供了更多融资途径的同时为居民提供了重要的投资工具,发挥了商业银行的专业投资管理能力,引导社会资金投向合理的领域,在更为市场化的资金运作链条中,资金实现更为市场化的配置。如图1所示,2012年新增人民币贷款占社会融资总量的比重从年初的75.6%下降至年末的45.6%,中国目前所说的"影子银行"体系的存在活跃了融资市场,拓展了融资渠道。

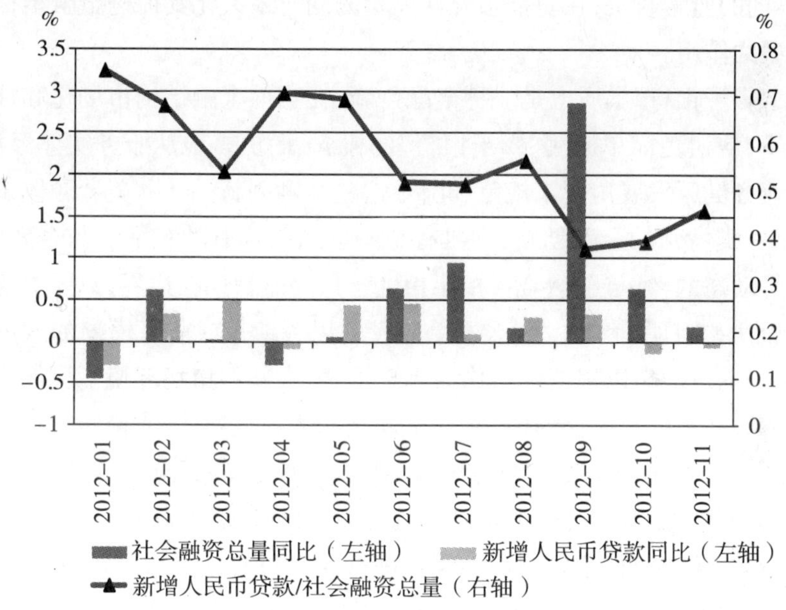

图1 社会融资总量与人民币新增贷款

第三,弥补分业监管下市场硬分割带来的效率缺失。在分业监管的监管体系下,银行、证券和保险处于硬分割的状态,而中国"影子银行"实际上突破了这种硬性分割,实现了金融机构和市场之间的融合,扩展了金融服务的边界,扩大金融市场的广度与深度,弥补了市场硬分割可能带来的金融资源配置效率的缺失;当然这也带来了更高的监管协调的要求,但是从提高金融体系的效率看,积极效应还是主要的。

四、淡化“影子银行”，从防范系统性风险的角度实施差别化监管

回顾改革开放以来中国金融业的发展历程，非传统业务的金融创新并非近来才出现，只是在“影子银行”这个舶来品尚未出现之前这些产品有多种其他的称谓，如资金体外循环等，而“影子银行”的出现似乎为这些金融创新附加了更多的负面含义。从金融结构的发展趋势看，应该逐步淡化“影子银行”的概念，更多将其看作是非传统融资市场和非银行信用中介的创新，对这些金融创新的风险特征和功能效率分类讨论，采取不同的监管政策，在防范系统性风险的同时最大化其促进金融结构转换和经济发展转型的作用。

第一，“影子银行”本质上是一种金融创新，在当前金融结构市场化和社会融资多元化背景下，应避免简单搬用“影子银行”的概念，而更多地从服务实体经济、促进非传统银行业务健康发展角度来规范和引导这些金融创新。在欧美金融体系中，“影子银行”只是一类特殊的金融创新，它具有金融创新所拥有的特征。与金融创新类似，影子银行是动态的，且与金融监管相伴相生。只要监管存在边界，只要对监管边界内正规的金融机构有明确定义，那么不受监管的黑色地带或监管模糊的灰色地带就会一直存在，当前可能会以银行理财作为表现形式，在新的市场环境下可能会以另一种金融创新的方式出现。然而，并非所有正规金融体系之外的、非传统银行业务的金融创新都应该被扣上可能引发系统性风险的“影子银行”的界定，对待不会引发系统性风险的金融创新应从调整社会融资结构的角度积极鼓励和推进。

第二，对非传统银行业务的金融创新进行区别和细分，针对不同的风险特征实施差别化监管。虽然金融创新对优化金融资源配置、提高金融效率发挥了积极作用，然而这并不代表就可以听之任之，对于其可能带来的风险，特别是区域性风险和系统性风险同样应该给予充分的关注。对所有的非传统银行业务不能一概而论，应该根据金融创新的机构主体和风险特征等要素对其进行适当的区分，实施有针对性的差别化监管。首先，基于对当前金融发展阶段和金融结构的评估，审慎判断金融创新的合理性和功能。例如在中国这样一个以银行体系为主体的金融结构中，其金融创新和金融市场化选择以银行为载体也是具有一定必然性的。而在当前金融市场化和社会融资多元化的进程中，适当出现一些为其试水的金融工具也应在客观把握其风险的同时鼓励其健康发展。其次，针对不同金融创新工具的特点对其进行分类。主要包

括是否具有信用创造功能、是否具有高杠杆和大规模期限错配等可能引发单体风险的特征、是否具有引发系统性风险的可能等要素。最后，有针对性地实施差别化监管。例如对于理财产品，重点关注由于业务定位的不清晰造成风险仍旧在银行体系内部积聚、理财资产池划分不明确带来的流动性风险、刚性兑付带来的道德风险、法律关系的不明确以及估值环节的不清晰等风险隐患，加强信息披露和投资者教育等监管措施。

第三，对非传统银行业务的监管和规范也应遵循一定的逆周期性，防止运动式的清理带来的融资紧缩可能对实体经济造成冲击。中国非传统银行业务的金融创新具有显著的顺周期效应和逆监管周期效应。当宏观调控发生方向性转变或实体经济资金面过紧时，传统银行业务之外的金融创新都往往会出现快速发展，如 2011 年在货币政策趋紧和日均存贷比考核压力下理财产品的迅速发展。而宏观调控偏紧的时候往往是实体经济过度繁荣期，因此这些金融创新往往有显著的顺周期效应。所以对这些非传统银行业务之外的规范和强化监管也应该遵循一定的逆周期性。在融资多元化进程中，特别是在实体经济资金面紧张而货币政策传导效应尚未显现的过程中，如果对非传统金融服务以外的融资活动采取运动式的清理，在贷款投放受到种种约束不能相应扩张时，贷款之外的这些融资渠道因为严厉清理所可能带来的融资收缩，反而可能会对实体经济带来明显的冲击，同时也可能带来新的风险。由于当前存在一些可能违规运用“资产池”的理财产品，短期内这些理财产品的正常运转依托于投资者对理财产品的信心和持续发行，如果突然对理财产品实施强制性限制，可能使得原来正常运转的理财产品突然面临资金链断裂的风险，对于这些由于违规行为带来的潜在风险只能通过资产池的不断规范对其进行软着陆式的消化。

Evaluation on Shadow Banking through the Lens of Optimizing Financial Structure

BA Shusong
(Financial Research Institute, Development Research Center of the State Council)

Abstract: Discussions on shadow banking as a financial innovation to evade supervision in international financial industry focused on systemic risk. The definition, connotation and influence of shadow banking are much related to local economy's financial and economic structure, financial development stage as well as financial regulation environment. Being set in an underdeveloped financial industry where indirect financing dominating the financing channel, financial instrument being in shortage, financial regulation being too extensive to be efficient, supervision on shadow banking should be based on China's current financial status. The right balance needs to be stroke between a rigorous financial structure, the trend of economic transition, and especially financial innovations beyond traditional banking business, thereby promoting economic development from their possible contributions of enhancing efficiency and reducing supervision cost, regulation experience from developed economies shouldn't be unconditionally accepted and implemented.

Key Words: Shadow Banking, Financial Regulation, Financial Innovation

监管套利与中国式“影子银行”

◎曾 刚

摘要:监管创造自身的“影子银行”。从金融发展的历程来看,监管套利一直都是“影子银行体系”的核心和主体。本文首先梳理了国外有关“影子银行”的研究,然后从监管套利的视角,对近年来快速发展的中国式“影子银行”所涵盖的范围、产生的原因、主要类型以及潜在的影响等问题,进行了尝试性的讨论和分析。并在此基础上,提出了相关的政策建议,以期对相关的理论研究和实践起到一定的借鉴。

关键词:影子银行 监管套利 资本充足率要求 资产证券化

最近以来,“影子银行”再次成为热点话题。特别地,由于多数的谈论都偏向于强调风险,以至于在很多人的观念中,“影子银行”成了多少有些负面的概念。一方面,批评者将其作为金融风险的根源,并出于尽可能降低风险的考虑,对其进行了宽泛的界定,并附之以严厉的监管建议;而另一方面,各类从业的金融机构对“影子银行”之谓唯恐避之不及,纷纷自承清白,并急于正名。一个原本中性的话题,多少有些偏离其初衷,在长期内,不仅不利于金融业的创新与发展,恐怕也不利于我们发现和解决真正重要的风险。本文试图从监管套利的视角,对中国式影子银行进行一个简略的梳理,以图能对其成因及应对提出一些新的探讨。

作者曾刚系中国社会科学院金融研究所银行研究室主任。

一、"影子银行"的概念与特征

（一）影子银行的界定

"影子银行体系"(shadow banking system)这一概念最早由McCulley(2007)提出，并将其定义为"非银行投资渠道、工具和结构型产品杠杆化组合"。此后，随着金融危机的爆发，这个概念开始广为流传，并在世界范围内(特别是在监管层面)得到了广泛的认同和采纳。不过，由于研究视角的不同，以及概念本身的不清晰，直到今天为止，有关"影子银行"仍未有明确而广为接受的定义和划分。2008年，时任纽约联储主席的Geithner提出，在传统银行之外有一个非银行运营的融资系统，他称为"平行银行系统"。2010年5月，美国"金融危机调查委员会"(FCIC)在一份报告中将其定义为：传统商业银行体系之外的"类银行"(bank like)的金融活动，即从储蓄人或投资者手中获取资金并最终向借款方融资；其中大多数金融活动不受监管或仅受轻度监管(FCIC，2010)。而"金融稳定理事会"(FSB)在综合考量各方面的因素后，在2011年4月从三个层面给出了一个较为全面的定义：影子银行体系广义上是指由在常规银行体系之外的实体及其活动所组成的一个信贷中介系统(system of credit intermediation)；影子银行体系狭义上是指上述系统中那些具有系统性风险隐患和监管套利隐患的实体及其活动；此外，影子银行体系还包括那些仅为期限转换、流动性转换以及杠杆交易提供便利的实体(如金融担保机构、债券与抵押贷款保险商以及信用评级机构)(FSB，2011)。国际银行业联合会(IBFed，2011)赞同FSB对影子银行的定义，但不赞同将已经纳入监管的银行活动，诸如资产抵押商业票据和回购交易定义为影子银行。IMF(2011)则为影子银行定义额外增加了"抵押密集型"(collateral-intense)的限定。此外，许多机构和学者对影子银行也给出了定义，如金融时报的定义是，"为补充传统银行而催生出的非储蓄类金融中介"。英格兰银行副行长Tucker(2010)则将影子银行定义为"在某种程度上能够复制商业银行流动性服务、期限错配和杠杆的工具、结构、公司或市场及组合"。

（二）影子银行的特征

尽管仍未有统一的统计口径，但在影子银行的特征方面，现有的研究还是取得了一定的共识。首先，从法律属性的角度来看，影子银行既包括实体机构也包括准实体机构。实体指有特定的组织结构,其资金来源和运用形成自身的负债和资产,并承担相应风险的机构。在影子银行的实践中,这类实体机构包括投资银行、对冲基金、各类资产管理公司等等;准实体指的是实体机构内的部门或其开展的业务,这些部门或业务虽无明确的法人机构形式,但通过业务运作同样形成了资产和负债,以及相关的风险。

其次,从监管角度来看,监管约束机制相对弱化。从本质上讲,影子银行产生与发展的动力,在很大程度上就是源于对日益强化的银行监管的规避。所以,受监管较少是"影子银行"最基本的特点。而从目前看,相对于银行监管而言,影子银行缺失的最主要的监管制度包括:存款准备金制度的限制;存款保险制度的覆盖与限制;资本充足率监管要求;银行业务所涉及的稳健性经营指标要求;登记注册方面的监管;以及信息披露方面的不透明;等等。

最后,从功能角度来看,影子银行具有信用创造功能,参与信用转换、期限转换和流动性转换。在国外的实践中,影子银行通过回购协议融入资金,购买信贷资产,并以这些贷款为基础资产发行资产支持证券(ABS)、担保债务凭证(CDO)等结构产品,并将这些产品作为抵押进行再次证券化和再抵押。通过反复的循环抵押,创造出了"抵押市场价值/扣减率"的信用创造模式,形成了一个完整的不同于传统银行的信用扩张链条。

影子银行另外的功能特征则与传统商业银行相似,参与信用、期限或流动性转换。具体而言:通过证券化活动,对基础资产的信用风险进行了表外的转换;通过发行短期融资工具购买长期资产,参与短融长投的期限转换;通过产品分层设计和各种增信手段,将缺乏流动性的长期资产转换成高流动性资产,等等。

二、监管套利与中国式"影子银行"

作为一个产生于国外的概念,"影子银行"在中国似乎并无直接的对应,以至于在过去很长一段时间的探讨中,人们虽用着同一个词,但其所指往往相去甚远。从根本上讲,影子银行的产生与发展根源于对既有监管体系的规避,那么,在思考"影子银行"这个舶来品之前,我们需要先简单讨论下国内外监管框架的不同。在金融市场比较发达的国家(特别是美国),监管者对商业信用并不刻意进行限制,这为金融机构以外的主体参与金融活动创造了便利,在这种情况下,由不同类型的主体(也包括非金融企业)各司其职,并进而链接成完整的影子银行体系,而无需以某种特殊的机构实体存在。而在中国,基本的金融活动,如吸收存款、发放贷款、租赁以及提供信用担保等等,依然受到较为严格的控制。这些基本的金融活动,被作为特许经营权,只授予得到监管或政策当局认可的机构。这种管制状况意味着,在中国,即使是银行以外的金融活动,在很大程度上都是被置于严格的监管之下。这与美国影子银行主体游离于监管之外的情况不尽相同。而且,由于特许经营权与某种类型的机构相对应,中国目前也还不存在太过复杂的影子银行链条体系。

(一)中国式"影子银行"的界定

正因为国内外监管环境所存在的差异,目前国内针对"影子银行"讨论,也呈现出了很大的分歧:一个极端是广义的界定认为,凡不在传统信贷和金融市场融资(如股票、债券发行等)之内的金融活动,都应属于"影子银行"范畴。按此口径,中国的"影子银行体系"包括银行、非银行金融机构(如信托公司、财务公司、租赁、典当以及小额贷款公司)以及民间借贷等几大类,数额或在30万亿元左右,潜在风险难以忽视。另一个极端则侧重从"游离监管之外"来进行的狭义界定,认为在中国目前较为严格的金融特许权管制下,绝大多数的金融活动(也包括非银行金融中介)都处于监管之下,真正构成"影子银行"的,是游走在"灰色"地带的各类民间金融活动,规模在5万亿元上下,加之不具太强的系统性,风险尚不足为惧。

以上两种口径事实上都存在一定的问题。广义的界定,尽管能比较全面地反映银行信贷以及资本市场融资以外的整个社会的信用供给状况,但其所涉及的几类"影子银行"机制各异,风险特征也大不相同,笼统为一谈,不仅会夸大风险,还会导致政策上的无所适从。而狭义的界定,将问题的重点集中于非正规的民间金融,或可能偏离应关注的主要问题,以至于低估总体上的潜在风险。而且,将参与主体不受监管作为判断"影子银行"的标准,似乎也不符合国际通行的观念和金融发展的潮流。毕竟,从全球范围来看,"影子银行"之所以所受监管较少,主要原因并不是从事影子银行活动的主体完全不受监管,而是因为其通过监管套利行为对重要的监管要求进行了规避。就这点来看,我们认为,"监管套利"可能比"不受监管"更接近于"影子银行"的实际。

遵循FSB(2011)的思路,并结合中国目前的现状,我们把中国式影子银行关注的重点界定为"从事金融中介活动,创造信用,并具有与传统银行相类似的信用、期限和流动性转换功能,但未等同于正常银行监管且具有系统性影响的实体或活动”。这个较为狭义的界定中,我们强调三个基本特征:其一,具有信用创造的功能;其二,所受监管较少(不受监管或存在监管套利);第三,具有系统性影响。在广义概念所述及的三类“影子银行”中,民间金融也具有游离于监管之外的基本特征,但在我国,由于金融的特许经营权受到较为严格的控制,民间金融的发展始终都面临着“灰色”地带的问题,其解决在根本上还有赖于法律体系的完善,很难通过监管和调控加以解决。此外,各类非银行中介机构的主营业务基本都存在与之相适应的监管,也不宜将其全部划入影子银行的范畴。由此,我们建议,将前述广义“影子银行”界定中,扣除非银行金融机构和民间金融活动与银行无直接关联的部分,而将关注的重点放到与银行相关的各种监管套利活动上,作为监管当局研究和应对的主要内容。需要指出的是,上述界定并非是追求理论上的精准,而在于引导政策实践方面的考虑。事实上,“影子银行”本身并不是很严谨的概念,过于纠缠于定义之争,无助于对关键问题的把握,也无从形成有针对性的政策。

(二)中国式“影子银行”的成因

作为受到严格监管的行业,监管套利行为是金融业普遍存在的现象,在特定的历史时期,甚至构成了金融创新与发展的主要内容。监管套利的原理在于“净监管成本的一价定律”,所谓净监管负担,是指监管主体给市场主体所带来的成本与收益之差。在通常意义上,一种经济目的可以通过多种不同的交易策略来完成,而如果每种交易策略所接受的净监管负担不同,那么,金融机构就必然存在从高负担策略向低负担策略转换的动机。在理想状态下,直到各种策略所涉及的净监管负担相等,监管套利活动才有可能完全消失。

在过去几年中,受外部环境影响,银行业所受的监管约束明显增强,净监管负担显著上升,推动了监管套利活动和影子银行的快速发展,具体而言有以下几方面的因素:

其一,从整体上,宏观调控方向的骤然转变,以及相对较大的调控力度,在短期内造成了实体经济资金相对紧缺的局面。同时,由于诸多原因,也加剧了资金分配的失衡。被重点调控的行业,以及大量的中小企业,资金缺口尤其严重,推动了利率的逐步走高。严格的信贷额度控制下,利率上升在一定程度上加大了银行贷款的机会成本。

其二,银行所面临的监管日渐强化,主要体现在资本充足率监管要求以及流动性监管要求(以贷存比为主要考核对象)强化,使银行有较大的动力将信贷资产向表外转移,以满足监管要求。

其三,受内外部因素影响(股东对回报的要求,以及同业之间的业绩竞赛),在过去几年中,银行业对利润增长的偏好明显增强,并通过考核指标设定提供了很强的激励,这在一定程度上加大了银行前台部门的风险偏好,促成了许多与影子银行相关的业务创新快速发展。

其四,监管体系所导致的金融体系分割和扭曲,也给影子银行的发展提供了良好的机会。一是不同金融市场之间存在一定的割裂,给一些金融机构通过创新进行无风险套利提供了空间;二是不同类型机构的监管主体不同,由此导致不同机构从事类似业务所受到的监管强度会有所差异,这给跨行业机构合作进行监管套利提供了空间;三是利率市场化管制,为存款替代产品(主要是各类理财产品)的创新提供了动力;四是汇率及结售汇制度的管制,为一些跨境套利活动提供了动力;等等。

(三)中国式“影子银行”的主要类型

如果以监管套利作为界定中国式“影子银行”的主要标准,那么,我们也可以从套利模式出发来对中国式“影子银行”的类型进行如下大致的划分:

第一,基于不同监管制度的套利。虽然金融业总体都受到严格的监管,但不同类型金融机构,所接受的监管并不相同。在实施分业监管的国家,由于归属不同的监管主体,这种差异往往会更加明显。一般说来,由于银行风险具有较大的外部性,其所受到的监管约束要远大于其他类型金融机构。具体到中国,这种情况同样存在。在过去几年中,贷款额度控制、法定存款准备金、贷存比以及资本充足率要求等重要监管措施,都主要指向商业银行,非银行金融机构则不在此限,由此为银行与非银行金融机构之间的套利合作提供了空间。其核心在于非银行金融机构(信托公司、证券公司以及金融资产交易所,等等)为银行信贷出表提供各种形式的“通道”服务,具体涉及到理财、资产转化和交易等多种合作形式。跨行业的套利,在微观上不仅可以完成单个银行的信贷资产出表,在宏观上也可以隐匿银行业信贷总额。

从更广的范围讲,基于不同监管制度的套利不仅涉及银行与非银行金融机构之间,也可能存在于境内、外银行之间,利用各国监管制度差异来实现对境内监管要求的规避。在过去一段时间里，银行内保外贷、海外代付等业务的快速发展，也有部分是出于这样的目的。

第二，基于不同监管主体的套利。这类交易主要针对不同银行机构在相同业务上的监管差异。具体到我国，截至2012年底，法人银行机构数量已超过3 800家，大小各异，差异明显。为适应这种差异，银行监管标准也存在许多不同。比如，在资本充足率监管要求方面，在2013年以前，新资本协议试点银行与其他银行在监管资本要求上存在一些差异；而从2013年起，按中国银监会的要求，所有银行都统一实施新的《商业银行资本管理办法（试行）》，但即使如此，实施内评法的银行与使用标准法的银行之间，商业银行与信用社及政策性银行之间的监管差异依然存在。此外，在贷款额度管控、贷存比管理等方面，不同类型的银行机构之间也有不同。这些差异，为银行通过某些同业交易（如贷款转让）来降低监管成本提供了便利。从整体上看，基于监管主体的套利，并不会实现对信贷规模的隐匿，但会削弱各项监管的效力，当然，从另一方面讲，也可能是降低了监管实施的经济成本。

第三，基于不同资产的套利。监管的重要目的，是对于不同业务活动，鼓励一部分，限制一部分。鼓励的是具有正外部效应的业务，限制的是具有负外部效应的业务，如给特定的贷款以更高的风险权重，甚至直接限制贷款规模，等等。然而，由于契约不完全性的存在，以及各项金融产品和业务在功能上具有很高的相似性，监管主体很难按照业务实质精确划分出不同的业务形式，这给银行留出了套利空间。银行可以在不改变业务实质的情况下，通过各种方式（如同业之间的交易），来改变业务的外在性质，转换资产类型，从而降低监管成本。具体来说，在过去几年中，银行间的一些业务，如票据交易、同业代付等等，都属于这种类型。通过这类交易安排，在银行整体上，信贷转换成同业资产，既不纳入贷款额度和贷存比管理，资本要求也会更低（风险权重低于信贷资产）。

总体上，虽然不是全部，以上这三类形式大体上覆盖了目前银行业监管套利的主要方面。需要指出的是，对于银行而言，不管采取什么形式，其最终的目的都是相同的，只是在不同的监管环境下，选择更适合操作的方法而已。也正因为此，虽然在过去一段时间里，我们看到银行热点在不断轮换，如从银信合作到银证合作，从票据交易到同业代付等等，金融创新令人眼花缭乱，不过是出于应对监管要求变化的需要，其核心与实质并未有根本的变化。以降低净监管负担为主要目的监管套利，本身就是现代金融发展的重要内容。

（四）中国式“影子银行”的主要特征

简单总结起来，尽管我们所定义的“影子银行”与国外的“影子银行”在概念和功能上有相近之处，但在许多方面还是有其不同的特点。

其一，国外“影子银行”的主体由银行以外的其他金融机构所主导，其最初目的，是跨越监管体系给传统银行形成的保护而开展竞争。尽管后来传统银行也参与其中，但整个影子银行体系与传统银行的关系，仍是竞争大于合作的平行关系。而在中国，由于持牌机构之外的金融活动受到严格限制，加之银行在网点、规模方面的绝对优势，到目前为止，中国式影子银行体系仍主要由银行主导，其动因在于银行试图规避现有监管政策对其业务发展所带来的约束或额外成本。其他金融机构的参与，在很大程度上是为银行规避监管提供便利，与银行的关系是合作大于竞争。从这个角度看，一些研究者关于中国的“影子银行”就是“银行的影子”的判断，并不算离谱。

其二，因主导力量和发展阶段不同，国内外“影子银行”的运行机制也不相同。国外的影子银行以证券化为核心，在各种证券化和再证券化产品交易的基础上，将机构、业务联系起来，属于交易型金融机构。而中国目前影子银行的主体更多是充当补充银行融资的角色（特别是在银行融资能力受到限制的情况下），信用创造是其功能的主要方面。

其三，融资模式不一致。国外影子银行通过发行资产支持证券等金融工具进行批发型融资，为其提供融资的是货币市场基金、养老基金等金融机构。而中国的影子银行（如与信贷相关的各类理财产品），主要是通过向企业和个人募集资金进行融资，本质上还是一种零售型的融资方式。这种情况也意味着，与国外影子银行相比，中国式“影子银行”与金融市场的相关性、对资产价格的敏感程度以及可能面临的流动性风险，都相对较小。不过，需要看到的是，最近以来，随着银行间交易的快速发展，影子银行融资的重点有朝同业资金（主要是银行资金）转移的趋势，这种批发型的资金来源模式，在一定程度上已开始接近于国外的影子银行，潜在的系统性风险需要密切加以关注。

其四，在业务模式上以同业合作（包含非银行金融机构在内的“大同业”概念）为主要方式。由于我国较为严格的金融准入监管，以及资产证券化发展的严重滞后，银行业很难通过与非金融部门（企业和个人）的直接交易来实现资产、负债业务的调整，而必须要借助非银行金融机构的通道。在这种情况下，同业业务成为银行实施资产负债结构调整、降低监管负担的重要手段。这也是在过去几年中，我国银行业同业业务高速发展的原因之一。

其五，目标逐渐以信贷腾挪为主转向监管资本套利。2010年之后，信贷管理收紧，套利活动的主要目标在于绕开贷款规模管制，之后，随着资金供求失衡状况的逐步缓解，以及全面实施《商业银行资本管理办法（试行）》的时间临近，旨在降低监管资本的交易逐步增加。从长期来看，随着外部环境的变化，贷款规模管控的限制会逐步减弱，针对资本充足率监管的套利或将成为银行金融创新和发展的主要内容。特别地，对于那些试点内部评级法的银行，其内部模型与监管模型的差异，或会成为推动此类银行与其他银行之间进行套利交易的新动力。

三、中国式影子银行的影响

从本质上看，不管是“监管套利”还是“影子银行”，都是金融业普遍存在的现象，也是推动金融创新与发展的重要动力。其产生与发展根源于市场的需要，有其积极的意义。

第一，修正了由于过度监管所导致的金融市场分割和扭曲，提高了金融体系的效率。截至目前，随着影子银行以及其他金融创新的出现，银行贷款利率的市场化已经达到较高的水平，而作为存款替代品的理财产品的迅速扩张，也在一定程度推动了存款利率市场化的发展，并为其未来的深化创造了较好的外部环境。

第二，弥补了分业监管导致的市场割裂问题，推动了不同金融机构和市场之间的竞争与融合，极大地促进了中国金融市场的发展，并在一定程度上实现了金融结构的优化。

第三，在调控环境剧烈变动，而微观主体又无法准确预期的情况下，影子银行为企业提供了必要的流动性缓冲，在一定程度上可以缓解宏观调控急速转向可能造成的负面影响。

第四，影子银行体系对传统金融形成了有益的补充，扩展了金融服务的边界。就目前看，各类影子银行产品的出现，极大地丰富了客户投、融资选择的范围，有效地弥补了传统金融产品难以服务的客户群体或需求类型。

任何事物都有两面，影子银行亦不例外。在推动金融市场化发展、提高金融效率的同时，影子银行监管套利的本质，也使其具有许多潜在的风险，特别是对宏观金融稳定带来以下影响。

第一,可能导致信贷过度膨胀。从目前看,中国式影子银行体系的主体,主要作为银行规避监管的手段而存在,可以加快银行的资金周转速度,并放大银行的信贷能力。在长期内,这可能导致旨在控制银行信贷扩张的监管政策失效,并埋下过度膨胀的风险隐患。

第二,可能对货币政策形成干扰。影子银行不同于传统的银行存贷款模式,其发展会影响货币、信贷等宏观变量的既有轨迹,进而削弱传统货币政策操作的有效性。具体而言,与传统银行业信用创造、货币增长的过程不同,银行信贷资产类理财产品在创造信用的同时,并不增加货币供应量,而只是加快了货币的流通速度;而同业代付或票据交易等,在统计上并未增加信用,但会导致货币数量增加。以上情况意味着,不管是从银行的负债(货币)入手,还是从银行的资产(银行信贷,甚或社会融资总量)入手,由于影子银行的存在,都会有相当规模的活动无法被纳入监测。

第三,可能导致银行信用风险的低估。具体路径有如下几个方面,其一,通过影子银行的操作,大量银行信贷被转移出表外,但由于这种转移在法律以及在实践操作上,都很难达到风险的完全隔离,这意味着,有许多表外的项目,尽管银行不需要为其计提资本和拨备,但在风险暴露时,仍有可能由银行承担最终的责任。其二,经由影子银行的操作,部分信贷资金进入了原本被禁止的行业和领域,或者是违规为企业或个人进行利益输送。这些较高风险在银行资产负债表内没有得到充分的揭示。其三,通过影子银行的操作,银行(特别是基层经营单位)将已经出现或即将出现风险的信贷资产转移出表外,或为其提供其他融资安排,为其进行债务展期,这会掩盖银行真实的不良资产状况。由于可能存在以上这些情况,一些人认为,银行的信用风险水平可能被系统性地低估,而资本充足率水平则被系统性地高估。在我们看来,以上三种情形中,目前最值得关注的还是第一种情况,但其属于规则允许范围内的监管套利,其所造成的风险低估有限,第二种和第三种在本质上都属于违规操作,个案或许有之,但若要上升到宏观整体层面,目前恐怕还不是普遍现象,不宜过度渲染。

第四,可能导致流动性风险。除信用风险外,"影子银行"的流动性风险也是常被提及的一个问题。目前看来,国内的理财产品,即便是一些存在争议的"资产池"类理财产品,其融资来源主要来自零售银行客户,而且,就目前来看,也还没有出现利用基础资产反复抵押来加大杠杆的操作,其流动性风险隐患远低于国外影子银行,微观层面的风险仍在可控的范围之内。需要注意的是,在宏观层面上,随着理财产品和同业交易规模的不断扩大,金融市场(主要是银行间市场)的短期波动或会加大,这给中央银行的货币市场操作(特别是极短期操作)提出了新的要求。

四、几点思考和建议

根据前文的介绍与分析,针对中国的“影子银行”问题,我们有如下几点初步思考和建议,以供未来进一步讨论。

第一,不宜妖魔化“影子银行”概念。从“影子银行”概念的发展脉络来看,尽管其肇端于市场人士,但在危机之后,围绕这个概念所进行的阐释和界定基本落入了监管部门的主导,这使得最初一个尚属中性的词汇,逐渐演变成了亟待监管和修正的风险根源。事实上,在过去几十年里,“影子银行”在全球金融市场发展与经济繁荣中发挥了积极作用,不宜因为危机爆发,就过度强调其负面影响,应该持更公允的评价。对尚处起步阶段的中国式“影子银行”,判断更应谨慎。

第二,对于“影子银行”,不能简单以强化监管或取缔了事,而应以监管体系自身的优化为前提。从本质上讲,影子银行本就是因为规避监管而出现的。这意味着,强化监管甚至是对原有影子银行的取缔,都不足以消灭影子银行或监管套利行为。只要市场需求的基础存在,越是严格和全面的监管,越会导致监管套利活动和影子银行以更新、更复杂的形式卷土重来。从某种意义上讲,近期以来,我国影子银行的操作日趋复杂和隐蔽,与早前简单封堵的监管思路似有关系。要化解这一难局,还需从监体系的优化入手。

具体建议如下:(1)解决由于分业监管所造成的市场割裂和监管标准不同的问题,减少监管制度套利的空间。在这点上,推动“一行三会”之间的政策协调已势在必行;(2)逐步取消一些不符合市场竞争与发展要求的管制措施。如目前仍存在的存贷款利率管制,以及贷存比监管要求,等等;(3)逐步提高宏观调控政策的透明度,尽可能降低对实体经济的冲击;(4)逐步从数量调控方式,转向更为灵活和市场化的价格调控手段;(5)适度把握各项监管和调控政策的强度以及实施进度,避免因多种政策叠加给银行造成过高的净监管负担,或者多种政策之间出现冲突,使银行无所适从,转而求助于影子银行渠道。

第三,适度加强对“影子银行”的监控和监管引导。(1)合理约束银行信贷扩张能力。中国式影子银行最大的潜在风险,在于其可能造成信贷的过度膨胀,进而影响金融体系的长期稳定。有鉴于此,在未来一段时间里,对影子银行监管的重点,仍应在于引导表外信贷项目的显性化,并借助于资本充足率监管要求,适度限制银行的信贷扩张能力。(2)应推动影子银行的有序发展。在推动金融消费者保护的同时,厘清影子银行体系各参与方的权责关系,确保风险承担得到清晰的界定,并得到准确的定价。(3)对影子银行带来的市场竞争加剧以及利率市场化推进等情况,需要进行密切的关注。

第四,推动资产证券化的发展。归根结底,监管套利的目的在于通过资产、负债的调整与转移,来降低银行的净监管负担。在成熟市场中,这一目标,主要是通过资产证券来完成的。而在我国,这一条渠道并不通畅,而不得不借助于"影子银行"。因此,要想缓解影子银行,需要监管者正视这种需求,通过发展更为规范的资产证券化,来真正实现风险的透明化和合理配置。

第五,促进银行经营模式转型,回归"理性、正常"发展。在过去一段时间中,市场以及银行自身对高增长的期许,导致一些银行在经营管理方面较为激进。面对监管的强化以及市场竞争,其利用"影子银行"来降低成本或提高竞争力的动力自然也会不断增强。从行业层面看,随着宏观经济增速的逐步减缓,银行业的高速发展在长期内也会难以持续。为此,监管者以及银行的管理者都应及时意识到经营模式转型的重要性,引导银行业从早前20%甚至30%以上的超高速增长向10%以下的常态化增长目标转变,为长期稳健发展夯实基础。

参考文献

[1] 蔡真.中国式影子银行体系的特征表现及成因[J].银行家,2012(11).

[2] 龚明华,张晓朴,文竹.影子银行的风险与监管[J].中国金融,2011(3).

[3] 李扬.影子银行体系发展与金融创新[J].中国金融,2010(12).

[4] 李扬,殷剑锋.影子银行体系:创新的源泉,监管的重点[J].中国外汇,2011(16).

[5] 李波,伍戈.影子银行的信用创造功能及其对货币政策的挑战[J].金融研究,2011(12).

[6] 刘澜飚,宫跃欣.影子银行问题研究评述[J].经济学动态,2012(2).

[7] 中国人民银行调查统计司与成都分行调查统计处联合课题组.影子银行体系的内涵与外延[J].金融发展评论,2012(8).

[8] 周丽萍.影子银行体系的信用创造:机制、效应和应对思路[J].金融评论,2011(4).

[9] FSB .Shadow Banking: Scoping the Issues[Z]. Press Release ,2011.

[10] Gorton, G. Regulating the Shadow Banking System[D].Yale and NBER Working Paper,2010.

[11] Geither.Reducing Systematic Risk in a Dynamic Financial System[Z].Federal Reserve Bank of New York,2008.

[12] McCulley.Teton Reflections[Z].PIMCO Global Central Bank Focus,2007.

[13] Nersisyan & Wray.The Global Financial Crisis and the Shift to Shadow Banking[D].Levy Economics Institute Working Paper, 587.

[14] Pozsar, Z.et al.Shadow Banking[R].Federal Reserve Bank of New York Staff Reports, 2010: 458.

[15] Tucker, P.Shadow Banking, Financing Markets and Financial Stability[Z].BIS Review, 2010:6.

Regulatory Arbitrage and Chinese "Shadow Banking System"

ZENG Gang

(Chinese Academy of Social Sciences)

Abstract: Regulation creates its own "shadow banking system". From the history of financial development, regulatory arbitrage has always been the most important driving force of "shadow banking system". This article reviews the existing theoretical research on this topic, and then focuses on the Chinese "shadow banking system", which developed rapidly in recent years from the perspective of regulatory arbitrage. Based on that point, we discuss the features, main types and the potential influences of Chinese shadow banking system, etc.

Key Words: Shadow Banking, Regulatory Arbitrage, Capital Adequacy Requirement, Securitization

圆桌:影子银行的风险评估与监管对策*

解析中国式影子银行

谢平:对影子银行的定义,中国和美国是完全不同的。

根据金融稳定理事会(Financial Stability Board,FSB)的定义,影子银行指的是受监管的银行体系之外的信用中介机构或活动。依据这个标准,我们国家不承认信托产品、保险公司资产管理、证券公司资产管理、银行理财产品是影子银行,因为这些金融活动在银监会是有备案的。

但是,也有很多人认为,中国影子银行不仅包括信托,而且包括证券公司和保险公司的资产管理业务。证监会将允许券商通过发行收益凭证筹集资金。证监会用了“收益凭证”这个词,他们不愿意用“存款”这个词。这样的规定其实意味着中国证券公司要开始杠杆化了。证监会出台这样的措施,与其主席来自大商业银行是有点关系的。所以,我们认为,WMPs(Wealth Management Products,财富管理产品)也是影子银行。

---

* 本文为中国金融四十人论坛(CF40)2013年金融四十人年会、2013年CF40-PIIE中美经济学家学术交流会、CF40·青年论坛第36期双周内部研讨会上的部分讨论纪要。参与圆桌讨论的嘉宾有:中国投资有限责任公司副总经理谢平、中国人民银行研究局局长纪志宏、中国银监会主席助理阎庆民、上海银监局局长廖岷、复星集团总裁高级助理、资金部总经理张厚林、摩根大通首席中国经济学家朱海斌、中国光大银行专职董事武剑、中国光大银行战略管理部总经理夏令武、摩根士丹利执行董事徐然、都铎投资公司经济和策略总监马青、中国社会科学院世界经济与政治研究所全球宏观经济研究室主任张斌、中国社会科学院金融所银行研究室主任曾刚、中国社会科学院金融所副研究员程炼、中国银监会政策研究局刘丽娜、中国银监会银行一部苏小竞、中国银监会非银行金融机构监管部叶凌风、中国人民银行货币政策司李斌、中国人民银行货币政策二司伍戈、中国人民银行营业管理部李宏瑾、安信证券尤宏业等。

中国影子银行的活动主要有三种类型，分别是信托、银行WMPs、券商WMPs。

中国目前是严格的分业经营和分业监管。但奇怪的是，影子银行的产品明显跨界了，最近两年已经打穿了银行、证券、保险、信托。这是中国影子银行的一个特点。

影子银行的规模与其定义有关。因为定义有多种，所以现在对影子银行规模的估算很不一样，有人说中国影子银行的规模为18万亿元人民币，也有人说是24万多亿元。

中国影子银行之所以获得发展，首先是因为中国的储蓄率非常高，也就是说，老百姓手头很有钱，以前他们主要存在银行拿存款利息，现在金融机构发行各种产品吸取这些钱。

中国影子银行目前几乎没有二级市场，大部分产品只是定期存款的变种。投资者通过各种产品把钱交给信托公司、银行等金融机构，这些金融机构很多时候只是通道，只是转手将资金贷给资金需求者，它们一般不进行证券化、打包、再买卖。中国影子银行几乎没有二级市场，这是一种中国特色。

另一个中国特色是商业银行有所谓的资金池业务。一个资金池有时要支持几种银行WMPs，因而造成资产—债务错配。银监会最近开始对这个事情进行非常严格的定义和管理。

影子银行活动中有三个参与者。

一是投资者，在中国大部分影子银行的投资者是富裕家庭，或者说是中国的有钱人。有人说，中国富人是拥有100万元人民币以上财富的家庭；有人说，中国富人的标准应该是100万美元。不管如何定义中国富人，总之这个群体是越来越大，他们持有非常多的财富。现在房地产、股票对他们不是很有吸引力，所以，他们将钱大量投资于影子银行的各种产品，他们是影子银行的主要投资者。

而参与影子银行的机构投资者不是很多，这是一个很有意思的情况。影子银行为中国富人提供了一个投资渠道，这是影子银行发展的一个大前提。他们投资于影子银行的收益要大大高于银行存款利率。

二是资金需求者。在这方面，中国影子银行和美国完全不一样。美国用钱的是较穷的人，他们没有钱还房地产贷款，于是通过影子银行获得资金，次贷就是这样的情况。而中国影子银行资金的最终使用者主要是地方政府融资平台和房地产开发商。中国影子银行资金的这两个最终使用者，还款能力比美国穷人好得多，这两个最终使用者违约的概率很低。

尤其是地方政府融资平台，调动资金的能力很强，地方政府有收税权，可以卖地，还可以收其他各种费用。而且，无论如何，中央政府不会允许地方政府破产。总之，地方政府会通过各种办法把钱还清或者延期，它们总会有办法。在中国现有的政治体制下，地方政府敢借钱，不管是谁的钱、多高的利息，它们都敢借。20年前，地方政府就通过城市商业银行、基金会等机构融资，那时候它们还不是通过影子银行融资。后来出了问题。我记得很清楚，最后是由中央政府买单了，出来担保，并由中国人民银行给予再贷款。那时候，中国还没有银监会，由中国人民银行处理，我是负责人。这个经验告诉我们，地方政府在融资问题上有很大的道德风险。它们明白，我可以随便借，最后出事了有中央政府兜着。这是由政治体制决定的。

房地产商最近出现了几个违约案例。

三是中间机构。非银行类金融机构——信托公司、保险公司和证券公司——发行的五万元或者两万元以上的那些所谓收益凭证其实都是存款凭证，银行不得不用理财产品与它们竞争。这些产品是由保监会、证监会批准的，是合法的。人民银行已经变相承认了这个事实，说个别大额负债利率已经市场化了。这实际上为未来的利率市场化打开了一个缺口。所以，影子银行有一个好处，它冲破了中国的存贷款利率管制。反过来说，它是中国利率管制的产物。因为存在贷款利率管制，存款利率太低了。通过影子银行，大额存款利率就不再受存款利率上限的限制。所有中间机构都在影子银行的发展过程中赚钱了，尤其是银行、信托公司赚了很多，保险公司、证券公司赚的相对少一些。

阎庆民：近年来，中国非银行金融机构发展较为迅速，在支持实体经济发展的同时，也受到了国内外机构和媒体的关注。关于中国影子银行的评议和争论也时常见诸报端，但多数报道是作者出于对影子银行常识性的理解和认识，并未进行全面和深入的分析研究，存在诸多不全面、不准确甚至误导的地方，给国内金融界对影子银行的认识造成了一定程度的困扰。

分析中国影子银行状况，应从中国金融体系的整体角度考虑。在中国的金融体系中，银行资产占绝对地位，占85%以上，非银行金融机构（包括证券公司、基金公司、保险公司、信托公司以及财务公司等金融公司）的资产总计约占15%。中国的非银行金融机构由于受到严格的监管，并非是影子银行，相对具有影子银行特征的机构主要为“三会”监管外的机构。

近年来,中国传统银行体系外的信用行为得到了迅速增长,其原因为:一是银行充裕流动性和规避贷款调控政策。中国严格的信贷调控政策,促使部分传统银行体系的信贷业务转向了非银行体系。二是资本约束的刚性要求。资本监管的标准不断加紧促使商业银行通过转让信贷资产、调整资产结构等多种方式提高资本充足率,也导致了信贷资产向表外转移。三是经济发展对融资的需求。在中国经济高速增长的情况下,传统银行体系难以满足经济实体的多种金融需求,这也导致银行体系外信用的急速扩张。四是中国利率尚未市场化。金融脱媒现象逐渐显现,资金不断从银行体系转向非银行体系,从生产领域转到流通领域。此外,互联网信息技术的发展,也导致了新型网络金融(支付和信贷)的兴起,如人人贷公司、第三方支付结算公司等。

中国的非银行机构可以划分为三个层次:一是受"三会"监管的非银行金融机构;二是受发改委、商务部等其他部门和地方政府监管的类金融机构;三是不受监管的民间融资行为。根据FSB关于影子银行的定义和涉及的领域,从实践中看,我国的信用中介机构绝大部分都已纳入监管体系,并受到了严格的监管。受"三会"监管的非银行金融机构和业务不是FSB定义的一般意义上的影子银行。而在"三会"监管之外的机构和业务,具有一定的影子银行业务特征,并需要进一步加强研究和监管。具体如下:

第一,银监会监管的六类非银行金融机构没有影子银行的典型特征。这些机构规模较小,且受到银监会严格、系统的监管,整体运行平稳,不会对我国金融市场造成系统性风险,因此并非影子银行。银监会对财务公司、汽车金融公司、金融租赁公司和消费金融公司实行类银行的监管方式,要求必须符合资本充足率等的要求。对于信托公司,银监会采取了较国际同业更为严格的监管政策,对信托公司采取了净资本的监管方法,并且不允许负债,没有经营杠杆。

第二,部分资本市场业务需要予以重点关注。根据FSB对影子银行领域的划分,货币市场基金、融券业务和回购业务在我国主要由证券公司和基金公司进行,应跟踪了解FSB对该业务的监管情况。对证券公司和基金公司近期开展的资产管理业务需要进行进一步的关注和研究。

第三,部分非金融机构业务具有影子银行业务特征。由发改委、商务部及地方政府等部门监管的担保公司、小额贷款公司、典当行、融资租赁公司等机构,在我国的信用体系中也起到了重要的作用,但所受监管较弱或未受监管,影子银行业务特征较为明显。

此外,随着信息技术的发展,部分网络公司也开始尝试金融业务,如人人贷、第三方支付结算公司等,并未受到严格的监管,也需保持关注,防止出现系统性风险。

朱海斌:影子银行这个概念是从英文直接翻译过来的。我们跟美国专家交流的时候,在影子银行问题上有很大的分歧,大家对中国影子银行规模的计算很不同,他们认为我们算得太少了。我建议,我们不要用影子银行这个词,而应该直接使用"非银行融资"这个概念,或者使用"银行体系外融资"这个概念。中国非银行融资有几个大类,如信托、理财,它们实际上还是处于监管范围之内的;此外还有民间借贷等,那是游离于监管体系之外的。概念清晰之后,我们与国外交流会更容易。

我并不担心中国影子银行规模太大。同发达国家相比,中国影子银行的规模相对于GDP来说还是比较低的。我们更关心过去几年影子银行的发展速度,过去几年,影子银行增长非常快。从金融稳定的角度来说,这是更加值得关注的一个问题。有研究表明,如果对实体经济的信贷总量占GDP的比例短期内上升过快,未来爆发金融风险的可能性就很大。这个比例的变化率可以作为未来金融风险的先导指标。

夏令武:最近,一些投行发表了相关报告,估算了中国影子银行的规模,认为中国影子银行资产为20万亿—30万亿元人民币,在大数上与多数估计相近。瑞士信贷的报告说中国影子银行规模是近3万亿欧元,22.7万亿元人民币。但是,统计的口径都有所不同,依据的标准值得商榷。

我感觉,中国影子银行的规模并不大。影子银行概念所要传导的核心含义,就是风险的难以计量性和不确定性,没有纳入正常的统计和监测范畴,只能靠"捕风捉影"的方式,这也是它的危害性。从这个意义上看,中国的影子银行规模应该没有目前投行估计的那么多。西方媒体,如英国金融时报等炒作中国影子银行问题,说得耸人听闻,实际上是把影子银行的风险和中国银行业的风险混在一块了。

我们应该对影子银行的一些问题予以澄清。

首先是影子银行的合理性问题。影子银行存在的合理性和非合理性是交织在一块的。影子银行是金融服务的溢出。因为受监管的正规金融体系满足不了一些融资需求,所以市场需要影子银行,这是影子银行的合理性。也因如此,影子银行在一定程度上是规避监管的。新监管措施出来之后,就会又有一部分业务溢出。例如,新资本协议推出后,对银行业资本充足率提出了更高的要求,银行要去杠杆化,就会有一部分信贷业务从银行体系转移出去。2008年之后,影子银行的规模还在增长,就是因为这样的原因。西欧很多银行在危机之后大量出售信贷资产,它们在瘦身,但市场需求并没有减少,这就是影子银行的机会。再如,由于利率管制和信用风险的监管,很多中小企业难以通过正常途径获得信贷资金,只好通过民间借贷获得高利贷,而这些民间借贷的源头大部分又都与银行有关,这是另外一种影子银行。影子银行规避监管,有一定的投机性和非法性,这是影子银行不合理的一面。

其次,我们还要切实认识当前炒作影子银行问题带来的负面影响。相比欧美发达国家,中国影子银行只能说处于初级阶段。根据金融稳定理事会的报告,全球影子银行规模与全球GDP的比例是110%,美国是160%,欧元区是180%,英国是370%,中国约6%。即使按照目前投行公布的宽泛口径,中国影子银行规模与中国GDP的比例也就在40%左右。也就是说,与欧美国家相比,中国影子银行的规模并没有西方媒体炒作得那么高。西方媒体大量炒作中国影子银行问题,将中国影子银行的问题说得很严重,部分原因是西方很多人根本不知道中国的金融规模有多大、GDP的规模有多大,不了解中国的金融体系结构和中国金融监管体制,更多的,不能排除有恶意炒作的成分。这种恶意炒作,对不了解情况的投资者来说,有山雨欲来的感觉,打击投资者对中国市场的信心,这种危害挺大。

因此,我认为,我们应该就上述这两个合理性问题,作一些系统的阐释,并在制度和机制方面进行相应设计,给市场一个清晰的概念。

叶凌风:关于影子银行问题,我想谈几点想法。

首先,目前影子银行的定义和统计口径不统一。很多文章和报告大谈影子银行,却不提影子银行是什么。影子银行定义模糊不清。一些作者都不知道影子银行是什么,就开始猜数据、说问题、谈对策,他们不可能抓住问题的根本。影子银行不等于非银行,但国内经常有人误用。

对中国影子银行的规模估算采用宽口径的定义,数字太大了。而国外很多研究中国影子银行的报告采用的是窄口径的定义。如果把企业债都划到影子银行,那么,国债属不属于影子银行呢?如果将国债也划入影子银行的范畴,影子银行的规模会非常大。我认为,宽口径有失偏颇。我们应该采用窄口径的定义,以便于国际比较。FSB采用了窄口径定义,有十几个国家按这个口径在提供数据。

其次,中国的信托公司绝对不是影子银行。影子银行有几个特征——期限错配、流动性错配、高杠杆、监管套利、信用风险转移等，这是判断影子银行的标准。货币市场基金、融券、资产证券化都属于影子银行的范畴。中国的信托公司可以归入资产管理类，其监管标准远远高于国际同类机构。它不具备影子银行的几个特征。第一，中国的信托公司没有期限错配，信托公司类似于封闭式的基金，投资者购买一年期的信托产品，资金就必须锁定一年；而这些资金的投资也以一年为期限，不存在期限错配。第二，中国的信托公司没有流动性错配，信托产品到期之前投资者不能申请赎回，所以没有流动性风险。第三，中国的信托公司没有高杠杆，我们的法律规定，信托公司不允许负债，只能对投资者资金进行管理和运用。第四，中国的信托公司不能监管套利，我们对信托公司的监管远远高于其他国家对同类机构的监管，中国信托公司要接受净资本监管。

最后，中国对金融公司的监管标准也远远高于其他国家。我们将金融公司，如财务公司、金融租赁公司、消费金融公司、汽车金融公司等视为银行来进行监管。法国、意大利的监管标准和中国差不多，但瑞士、英国、澳大利亚等国家对金融公司根本不监管。中国对非银行金融机构的监管是非常严格的。

阎庆民：信托本身不一定属于影子银行。现在信托是一一对应，没有期限错配问题。

关于信托，我觉得它就像是高速公路，不同的车——新型车、重型车、微型车都按照交通规则在高速公路上行驶，但速度达不到下限的车不能上，排放达不到标准的也不能上。不论是推资产证券化，还是购并、“走出去”，都离不开信托这条高速公路。

很多西方国家对信托不怎么监管，符合条件的机构就可以做。它们不只有房产信托、资源信托，还有很多公益信托、医疗信托、教育信托。在我们国家，这些信托还没有发展起来。另外，我们国家的集合信托比较少，主要还是单一信托。

今后，国务院是否会批准成立真正意义上的资产管理公司？如果批准，资产就会减少在表内表外串来串去。

纪志宏：对影子银行的高度关注本身就是一个重要现象，这是当前金融市场发展到一定阶段的一个重要金融现象。但如果关注特别高，影子银行恐怕也“影”不起来了，这就涉及到怎样定义影子银行。

因为自影子银行的定义产生以来，其内涵天然就含有“灰色地带”的意味。所以从这个意义上来讲,有人认为不受监管的就是影子银行——当然这是一个相对极端的定义——这种理解可能抛弃了银行本身功能上的一些特点。按照这种理解,如果影子银行确有问题,那么解决影子银行问题也可以有很简单的思路——不监管就不会有影子银行的存在。所以这种处理过于简单和极端。

简单的两分法忽视了影子银行里的"银行"概念的属性,影子银行有一个特别重要的作用——金融中介,即认为影子银行具有期限转换、流动性转换和信用转换功能,承担了从储蓄向投资转换的任务。当然还有其他一些有共识的特征,其中包括是不是能向中央银行借款——这是从中央银行承担的流动性支持的义务来讲的。根据这些特征的组合,我们可以从宽到窄定义一系列影子银行,但是不同的定义所包含的政策含义和政策导向也有所不同。

因此,对影子银行可以有好几个不同角度的理解,特别是中国现在处于转型和经济结构调整阶段,思考的维度就更多了。从不同角度出发,对影子银行的理解就存在差异。当然,这些维度也都各有值得重视之处。

第一个角度是金融创新。这主要是指,在分业监管背景下,影子银行可以理解为中国的金融机构(特别是银行业金融机构)进行金融创新的途径。

第二个角度是综合经营,是指影子银行体现了各类金融机构突破分业监管框架,走向综合经营的发展方向,影子银行的发展使更多社会融资摆脱了传统银行媒介的范畴。当然,脱媒现象是一个问题的两面,不好简单地做非此即彼的正、负面评价,比如有人认为,发展债券市场也是一种脱媒现象,而这也是我们发展直接融资的改革方向。

第三个角度是由于潜在风险较大,影子银行导致了金融危机的爆发。支持这个观点的人认为,影子银行和金融危机爆发有联系,影子银行可能潜藏着较为严重的系统性风险。

除此之外,还有很多人把国内影子银行机制跟国外比较。由于定义目的和口径不同,影子银行在规模判断上会出现大的差异,但这个角度也没错。影子银行本身就是一个灰色地带,所以统计上不可能特别清晰,如果把民间借贷也纳入影子银行的话,那我们的确不需要知道其规模究竟有多大。

国外的影子银行有一个特点,从产品最终资金供给者到最终用款人之间的中介链条特别长。既然影子银行的业务由很多机构、很多环节共同完成,那么要加总影子银行的规模又要避免重复计算自然也非常困难。与国外情况不同,在中国,包括典当行、融资担保公司在内的经营影子银行业务的金融机构,某种程度上可以说是由对应的商务部、工信部等部门掌握的,或说管理的影子银行的信用扩张将带来经济主体的负债率提升。影子银行也好,银行也好,都是信用中介,因此不管是加大银行体系的杠杆率,还是加大金融体系的总杠杆率,总之在加入杠杆化的操作机制后,影子银行总体体现为信用扩张。信用扩张的另一面,实际上是经济主体的负债率提升。我们还可以从另一个方向来考虑这个问题,企业总体负债率大幅度提升是不是代表了系统性风险的可能性?当然,在西方这可能表现为个人部门负债率提升等。

这将衍生另一个问题——影子银行是否或正在系统性地改变货币供应量和经济总量的关系,这既和规模加总的问题有关,也和调控的问题有关。影子银行是否系统性地改变了宏观变量的关系?甚至改变了 M_1?这不是一个容易回答的问题,因为一般来讲,M_1并不容易改变,而M_2则有其他功能。但因为中国的理财产品期限特别短(银监会曾禁止银行发行存续期限在28天内的理财产品,但是没有解决问题——因为我们仍然有开放式理财产品),这样的话,会不会对货币政策和货币调控产生影响,从而使得传统意义的货币口径不再有效?这些问题确实需要研究。但是,好在货币政策永远是中间目标,不是最终目标,所以自然也有克服问题的办法。

另一个值得重视的问题是,在我国,影子银行的资金流向是否有系统性或者共同的特征。这个问题既跟数量控制有关,也跟管理金融体系的方式有关。此外,还跟产业政策及相应管理的方式有关。当然,不同时期影子银行的资金流向特点也不一样,有的时期更多流向房地产,而有时则是流向地方融资平台,甚至还有段时间资金更多地流向中小企业。因此,影子银行的资金流向是不是有系统性的特征,可能也是需要重视的问题。

从银行本身来讲,把业务放在表内也好,表外也好,同一个经济周期下的违约概率应该基本相同。那么,我国影子银行的风险承担机制究竟是什么样?是不是一种买者自负的形态?如果不能通过市价缩水来体现损失的话,那么风险承担机制应该是什么样呢?假如认为表外业务是直接融资,那么不太好回答一个问题——什么程度的表外理财是直接融资产品,而什么程度又是间接融资产品?在我们金融开放、发展和创新的过程中,传统的以银行为主的金融结构决定了在初期必须和银行联系在一起才能发展,这也是我们金融体制背景下的过渡阶段特征所决定的——金融机构必然要和银行或银行的信用联系。当然也要考虑银行与影子银行在投资决策程序上的差异。另一个很重要的问题是银行表外理财的会计问题。与基金不同，银行表外理财产品没有独立法律地位，不是独立的市场参与主体，会计主体处理就成了问题。而理财借助银行自身主体地位参与市场交易，使银行和理财产品之间的风险难以区隔，流动性问题也往往会掩盖起来，所以银行表外理财的主体地位需要做进一步的研究和澄清。此外，需要进一步澄清影子银行的盈利机制和风险承担模式，理财产品法律地位未决，记账都记不清楚，利润怎么来的、到底是一种什么性质的收入，如何合理记载表外理财的盈利，运用什么样的会计方法，这些都十分重要。

要研究中国的影子银行，不能不考虑中国监管体制的特点。每个国家的监管体系都不一样，因此，各国的监管体系创造出有自我特色的影子银行体系。而在设法满足监管主体现行规定、鼓励金融创新的背景下，中国的影子银行也更容易有较大规模和快速的发展。所以，我们得考虑金融监管体系创造出影子银行特征的背景。当然，我们还得考虑周期性的特点。比如20世纪90年代我们也有过农村合作基金会等现象。

现在的影子银行发展得特别迅速，实际上是对我们略显滞后的金融体制改革提出了迫切的改革要求。举个例子，究竟怎么搞城镇化融资？城镇化（包括房地产调控）需要更大程度上的融资分配，因此城镇化需要融资渠道，影子银行也是其中一个渠道，或者说是市场选择了这样一个渠道。再比如，中小金融企业的融资需求非常强烈，各种类似的融资性公司非常多，但中小金融机构的布局是不是也应该有改革性的发展？因此，影子银行的快速发展其实有相当成分是在呼吁金融体制改革。

多维度理解影子银行

阎庆民：对许多人而言，影子银行是一个负面的词语，让人联想到“不受监管的机构，容易导致监管套利和系统性风险”。对此，我们应该辩证地看待。影子银行是金融创新的产物，它对促进金融市场深化方面能够发挥一定的作用。

直接融资和间接融资作为金融市场两种主要的资源配置方式，处于相互并行、交替发展过程之中。传统银行体系之外的其他融资中介的产生具有必然性，主要原因：一是金融服务的专业化需求。经济发展对金融服务提出了多样化和精细化的需求，使得作为间接融资主要中介的银行体系不断趋于专业化和独立化，促进了各种类型的非银行金融机构的产生、发展和壮大，如消费金融公司、汽车金融公司、贷款公司等。作为传统银行体系的补充,非银行机构的发展满足了实体经济多种金融需求,提高了资源配置的效率,支持了实体经济的发展。二是资本市场的不断深化。资本市场的发展促进了作为直接融资中介的非银行金融机构以及各类资产管理类机构的不断产生和发展。如证券公司、基金公司和资产管理机构等,满足了投资者不同的金融需求。三是不同机构监管政策的差别化。对银行机构和非银行机构采取不同的监管政策,在促进非银行机构发展的同时,也推进了金融创新,提高了金融体系的发展水平。

非银行机构在金融体系中发挥着越来越重要作用的同时,也逐步呈现出影子银行的特征,其主要表现:一是类银行风险特征。对利润的追逐促使部分非银行机构通过各种途径扩大负债,提高杠杆水平,呈现出高负债、高杆杆、资产负债期限错配和流动性风险的类银行业务模式和风险特征。二是风险逐步积累。比之银行机构,非银行机构不受或少受外部监管,这使得部分非银行机构的发展没有受到实质性的约束,风险不断累积。另外,对各类非银机构宽严、标准不一致,也导致了风险的复杂化。三是系统重要性特征。金融创新的深化,新产品和新业务的开拓,使非银行机构的业务不断多样化、复杂化。非银行体系的不断发展,资产规模的不断增大,对金融体系逐渐呈现出系统性和重要性。四是风险具有传递性。资本市场和风险管理技术的发展,使传统银行体系和非银行体系的业务和产品相互交叉,联系愈加紧密,影子银行体系的风险便具有了向银行传递的可能性。

李宏瑾:影子银行的发展是在利率市场化趋势的大背景下发生的。我想强调一点,无论是我们国家影子银行的发展,还是国外影子银行的发展,都是在利率偏离均衡水平的大背景下发生的。

美国20世纪60年代和70年代金融创新大发展,以及这一轮影子银行大发展,共同特点都是利率偏低。当然,现在美联储不承认利率偏低。根据FBS的统计,去年全球影子银行的规模超过2007年、2008年的水平,重要原因是量化宽松导致低利率。

由于金融压抑,我们国家的利率也是偏低的,而且银行体系受到各种各样的数量性限制,所以,绕开各种限制的影子银行发展起来了。

影子银行与商业银行面对的风险不一样,所以,它们的融资成本也不同。影子银行有信用风险溢价,融资成本更高。银行贷款利率较低,但数量上受到限制。因为利率偏低的问题一直都存在,而且准确估计利率偏低水平又非常复杂,所以我们不知道影子银行的合理规模是多大。

尤宏业：现在是处于一个大变革的时代，影子银行今后可能往好的方向走，也可能蕴藏了很多风险。下面我提几点看法：

第一，我不完全同意"金融机构的期限失配是正常的，所以影子银行不存在期限失配问题"的看法。中国部分影子银行的天然特性可能会导致实体经济存在期限错配。比如理财产品，由于客户并没有购买长期限理财产品的习惯，这样使得理财偏向为客户提供短期的资金。随着这一部门的扩张以及传统定期存款被逐步替代，企业拿到短期资金的比重上升。对部分企业而言，只能用短期资金支持中长期项目。而企业部门不具有天然的期限转换功能，中长期项目的未来回报是不确定的，一旦资金链断裂，就存在很大的流动性风险。虽然中国民营和中小企业的短贷长用现象有诸多原因，但中国影子银行的一些特点可能加剧这一风险。

第二，按照影子银行和金融创新现在的发展情况，实体经济（包括银行）之间正在产生越来越强的风险联系。银行之间日趋复杂的同业业务、实体经济部门之间有很多相互借贷和担保业务，另外一些国有企业发债的目的是，用低利率成本拿到钱后再转借出去。如果金融机构之间、实体部门之间的这种相互联系关系越来越广泛，越来越复杂的话，我们很难精确评估其中的风险。当整个金融系统通过同业和创新业务联系在一起，而实体经济则通过互相担保、互相腾挪资金及其他通道业务联系在一起时，一旦由于经济周期或者国内外的冲击性因素多米诺骨牌被推倒，系统性风险是值得重视的。

第三，不良贷款的周期和经济周期是相关的。但我们需要看到产生非经济波动周期的一些原因。为什么我觉得这一波经济下滑的问题不是那么简单呢？因为从中期来看，迄今为止还没有一个特别好的方法，来评估金融系统问题的程度以及发生时间。但是，一些金融危机史能带来参考经验。比如，信贷井喷是评估中期风险的一个指标，2009年、2010年以及随后几年，贷款总量的井喷是产生金融风险的一个重要原因。井喷的程度在过去经济周期上是没有的。另外一个因素则是金融创新，在金融创新和利率自由化的过程中，由于人性的贪婪，总会使得金融系统存在较大风险。总之，由于过去几年经历了信贷井喷、金融自由化以及手段繁复的金融创新，再叠加资产市场上的泡沫，特别是土地、房地产市场的泡沫，这些是过去经济周期所不曾经历的，我们不能认为这是经济周期的正常现象，风险评估也应该更为慎重。

伍戈：国外对影子银行学理上的研究，主要是基于金融稳定、金融风险的考虑，鲜有人研究影子银行和信用创造之间的关系。我们曾经对理财产品、表外业务甚至包括理财产品发行阶段和运营阶段做过一些研究。最后发现，影子银行对M_2可能没有想象中那么大的影响，也就是说，即使存在影子银行，它的资产或者负债，是否真正地逃避了整个银行体系？影子银行如果挣了钱，是不是还要存到商业银行？影子银行是不是真正逃避了货币统计？这些问题都还有待于认真严肃地统计分析。

由于20世纪六七十年代西方发生过金融脱媒现象，这与我们现在面对的情况有些相似，脱媒可能对货币统计有很大的扰动，但是这个扰动似乎不是一天发生的。比如英格兰银行，迄今为止，货币供应量包括M_2，仍然是英格兰的货币政策咨询报告中的双支柱之一，因此M_2还是有非常强的功能。美国也是如此，虽然美联储不公布M_2了，但是还在公布M_3。可以说，从M_0、M_1、M_2、M_3，一直到整个货币中介目标完全摆脱货币总量目标，有一个很长的历史过程。

我想强调的是，影子银行在中国具有非常强的周期性。我们前段时间跟踪了影子银行产品的发行规模、数量，还有金融质量等等，它与中国的宏观周期完全呈相关关系，所以，影子银行与宏观调控的松紧也有关系。同样，与监管也有很大的关系，监管一旦叫停或者是抑制影子银行，它就可能受到重大影响，当然我不怀疑会产生新的产品。所以，这方面还需要化繁为简，作一些更严肃的研究和判断。

刘丽娜：我觉得影子银行这个概念，不管是就政策还是研究来讲，都没有任何意义。影子银行和监管套利都是中性词，银行的任何一个业务都希望用最少的资本金、最少的拨备来操作，这无可厚非。我觉得用假设的方式特别好，假设2012年银监会制止了所有银行发行理财产品，可以想见2012年的宏观需求或者信贷需求会发生什么情况，可能会爆发大规模的民间挤兑，因为如此大的资金缺口，必然会有很大需求，民间对于高息揽储的需求也很强。以客观中立的立场来看，只不过影子银行承担了现有时期的特殊功能。

我也同意中美两国影子银行不一样这一观点。美国的银行没有监管，而中国所有的影子银行都在绕开过多的管制，无论是利率、信贷数量上和质量上的监管，还是是对某些行业的限制。正是因为监管过多，才造成影子银行规模的扩大。

另外，宏观背景特别重要。2012年表外业务新增的基建项目的毛估增长率有30%以上，即通过信托和理财融资，再加上表内正常贷款是10%。如果这些资金都投入新项目，去年的投资可能应该不止这个数，投资总额很低说明大量影子银行的资金其实是用来周转，填补以往年度10.5%的GDP的缝隙。如果是这样，那么影子银行其实是有很大问题的。

关于宏观效应，我觉得要吸取一个教训是，美国的影子银行市场发展到40万亿—50万亿美元，现在包括FSB、三方回购改革特别小组（Tri-Party Repo Infrastructure Reform Task Force）的人都不能画图将此说清楚，也不知道该如何下手，因为它太大了，牵一发而动全身，如果叫停其中一个，整个流动性都会出问题。如果不在前期做好规划而是任其发展的话，影子银行会产生大而不倒的问题。

理财产品可以分类，既有实体经济需求的产品，也有银银合作产品，完全为了绕开制度约束、简单粗暴地转出，甚至有作假嫌疑。对于这种业务粗放式创新的产品，则没有必要让它继续存在。如果它是有实体经济需求的，买方和卖方都有强烈愿望，那么作为监管者，即便强行叫停，它也会以其他形式出现，而监管者这么做对于经济本身也非常不利。信托法出台之后，信托业其实很愿意推出多种信托产品，营建一个买者自负的环境，但是却一直没有营建起来，还有债券市场的违约制度也没有营建起来。这种情况值得我们反思，大家为什么愿意购买银行的理财产品？商业银行发行的高收益的信托产品，比如房地产信托是12%的收益率，5%分给投资者，另外的7%—8%成为通道费，由信托和商业银行分走。这在国外就简单得多，只要发行一个高收益的债券即可，直接投资者就可以获得10%的收益，而无需将收益让渡给信托和银行。中国现在没有营建起相应的信用文化和债券市场，但是房地产商有融资需求，主体受到的监管又过多。因此，我们不能戴着有色眼镜看待影子银行市场的快速膨胀，它的存在和发展是多种因素综合的产物。

总体而言，一是监管要做的就是有所为有所不为，将理财产品分成需要加强监管和不需要监管的两类。二是需要吸取教训，从中长期来看围追堵截肯定是行不通的。

苏小竞：关于影子银行，我从支持的角度来讲，中国的特点是与银行业结合非常紧密，这与国际上的情况有所区别，这个特点确实给银行带来了很大的风险。正如周小川行长所言，对于中国来说，影子银行在国内的意义很大。一个重要的原因在于监管相对保守，银行谈到银行“走出去”问题的时候，提出应该允许多布局，允许银行犯错，大家相互竞争，优胜劣汰。但是从监管者的角度来看，往往认为同质同类银行去一个地方发展业务，会导致自己人恶性竞争。总体看，我们的监管是很保守的，所以，中国的银行体系内出现所谓的影子银行，某种意义上是对当前严格的监管之下社会金融服务需求的满足。

如何从理财产品角度来理解这个问题?我个人认为,对于部分产品,尤其是有资金池的理财产品,资金池一直在滚动,比如收益率4%的理财产品,虽然号称不保本,但是实际上银行从声誉出发也不会轻易不兑付。银行赚了是自己的,赔了就担责,其实这就相当于存款,银行将存款收进来再贷出去,资金池也是如此。我国存款利率比较低,很多人认为存款利率不能太低,否则对社会财富、经济发展等各个方面会造成诸多负面效应。因此,理财业务其实是恢复了银行或者金融正常秩序的一种手段,类似的影子银行在很多方面扮演了这样的角色,当然也带来了其他风险。所以,影子银行强调更加有效的监管,比如理财业务、资金池的方式,从这个角度来说还是很有意义的。需要强调的是虽然影子银行的风险非常高,但是还是要在中国特点下支持其发展,不能因为存在过高风险,就阻碍影子银行进行金融创新和推出满足需求的产品。

程炼:尽管大家都在谈影子银行的监管问题,但是实际上对于影子银行影响经济的微观机制仍然缺乏了解,列举的数据和观点之间的关系也很模糊,因此落到监管上就显得很空洞。

我赞成不要太强调影子银行的信用创造功能,理由有两个。

第一,如果从货币创造这个角度来看,现在大部分的影子银行并不具备银行的信用创造功能,对M_2没有太大影响,这也是影子银行长期没有被纳入到监管系统中的原因。由于影子银行不被认为具有货币创造功能,杠杆率相对比较低,因此比具有货币创造功能的银行更加安全。从这个意义来说,过分强调信用创造,可能会误导我们的视线。

第二,强调影子银行的信用创造功能可能把我们的视线固定在M_2的规模上,但就影子银行而言,更重要的是它对M_2速度的影响。我们常常只看M_2的量,由于表外业务影响M_2的速度,因此在影子银行与经济的关系中,M_2的速度更加关键。作一个极端的假设,经济中全部是人对人直接发放贷款,我们不会看到M_2的量有任何变化,但是M_2的流动速度却发生了剧烈变化,经济可能呈现为爆炸式增长。同时,M_2规模和经济增长之间的关系将完全脱钩。

如果过多地把目光放在银行系统本身的话,可能会忽略风险。举个例子,大家一开始对支付宝很恐慌,认为支付宝创造了另外一个不受监管的信用体系,有可能导致金融风险。但是同时也有人安慰说没有关系,表面上所有的钱在支付宝转来转去,其实都是存在银行账户上的,并不能脱离银行账户。这个观点是错误的。尽管钱是在银行账户里,但是支付结算的决策不再由银行完全控制,而是由支付宝账户控制,假如支付宝账户本身发生问题,那么支付清算环节就会产生问题。这时尽管所有的钱都在银行账户中,但系统性崩溃仍可能发生。

因此在讨论影子银行问题的时候,一方面要跳出固有模式,不要老是从传统的货币创造角度来讨论影子银行和经济的关系;另一方面,影子银行确实不同于以银行体系为主导的传统金融体系,应该把它看成一个平行的体系,从更底层重新考虑它和金融体系运行效率及安全的联系。这就要求我们做更多的微观机制研究。

徐然:很多影子银行其实与银行合作,最近我们注意到,它们之间的合作加强了。我们做过比较精确的计算,影子银行的资产约为25万亿到30万亿元人民币,相当于银行表内资产的一半左右。近期发展比较快的业务是非标资产互相转让,在转让过程中,非标资产被多重担保,以降低风险权重,这样能降低银行的贷存比,也会使银行提高杠杆率。我们与地方政府交流过,房地产风险比较低,增加房地产投资可以使风险权重降低。我们担心银行的杠杆率还会继续上升。非标资产有两块,理财产品的投资中有3万亿—4万亿元人民币,银行表内也有8万亿—9万亿元。我们分析了上市公司的年报,上市银行的非标资产约有3.6万亿元;非上市银行的非标资产比例更高。非上市银行的同业资产占比更大,贷款占比较低。

我们非常高兴地看到,在新的监管规则中,对担保标准做了明确规定。但是,根据我们最近与银行的交流,执行得还不是特别全面,很多银行想在规则还没有完全清晰的情况下最后再冲一把。

其实银行同业业务的发展已经快于个人业务的发展,我们还有8万亿元是非贷款,其中可能存在的风险越发不明朗的原因是,现在存在很多暗保的情况,新产品主要以暗保为主,再加上同业存款的发展,造成同业银行没有准备金,也没有资本监管。我觉得存在的风险是,如果银行主导,杠杆率可上升很快,而且中国目前的情况是,股份制银行作为投行,向城商行转嫁这些资产的现象比较严重。今年城商行和股份制银行的资产增速都很快,主要以同业业务发展为主。与其他银行不同的是,城商行的风险监控由地方政府主导,而且股权和风险回报也不同,所以投资者在购买理财产品时可能对风险的判断不够,在这种情况下,风险上升较快,并且向银行集中。今年的M_2增速比去年高，但是外汇流入比去年还少，主要原因就是银行同业业务规模的上升。有种说法认为，去年实体经济投资多为外商投资或者自主投资的外部流入，而今年主要以银行为主，银行选择的信贷对象还是以地方政府、国企为主，因而两者的投资效率不太一样。

李斌：从宏观的角度来讲，这两年影子银行（或非贷款融资）的快速发展，和前十年中国宏观结构变化有很大关系。由于外汇大量流入、经常和资本项目双顺差以及流动性偏多，出于对冲偏多流动性和协调本外币政策的考虑，准备金率不断上调，利率也受到一定制约。同时，由于以前是贷款和外汇占款双渠道派生存款，外汇占款非常多，所以导致存贷比整体较低，不能对银行体系起到有效约束的作用。但是，在危机以后，全球格局发生变化，经济处于再平衡的过程。一旦外汇流入形势发生变化，一些问题就可能显现，外汇占款减少将会使贷存比约束增强，原因是以前外汇占款派生了很多存款，使得贷存比相对较低，现在外汇占款减少，作为宏观现象，银行体系整体贷存比可能出现上升趋势。利率问题也会显现出来。在这种情况下，理财产品等很大程度上是对传统金融产品的替代，准备金率高也会在一定程度上影响商业银行的资产创造行为。

我赞同"影子银行有周期性"的观点。在中国当前情况下，几个变量之间的关系之所以没有发生大的变化，是因为现在经济形势总在变，大家看不准。如果能一直保持住这个状态，影子银行就还会保持目前的状态，并继续发展，直到形势发生大的变化。如果中国又回到原来的增长模式，如大量外汇流入、人民币升值，使得双顺差加大，可能影子银行的规模就会变小，反之，则会加大。

从影子银行或者非贷款的融资渠道快速发展的角度来讲，中国现在可能正经历一个明显的去金融抑制过程。这个过程实际上是很多融资渠道重新进行价格发现的过程，或者利率、资金价格重新发现的过程，这个过程可能对中国未来的宏观经济运行有着深远的影响。比如，中国的实际利率水平可能在经历一个相对上升的过程，而且很难降下来，这个内部变化对中国股市整体价值会有很大影响，对其他金融资产价值和货币政策传导机制也有很大影响。另外，对金融宏观调控模式的数量型和价格型的传导的表现也会有深远的影响。如果去金融抑制过程持续较长时间，这将是另外一个层面值得研究的宏观问题。

张斌:在中国目前的经济结构转型期,我更愿意把影子银行理解为一种金融创新业务,因为它的规模实在太小了。过去,储蓄和投资间的转换相对容易,因为银行有较好的客户——制造业和房地产商,生产率都较高,也拥有好的抵押品。但是,未来经济结构将转型,我们的发展重点是服务业和制造业转型升级,这些都是高风险的项目,对于银行来说都不是好客户,自然会带来更大的风险。然而经济结构转型期需要风险投资,既然是风险投资,就需要有人管理风险,过去的银行是做不到的。现在有影子银行这样一个新业务在发展,从容忍度来讲,应该鼓励支持更多的个人、部门参与,创造出更多的产品,因为这是经济结构转型的必需品。

曾刚:银行同业间的交易非常值得关注。以往业界对银行间交易的关注太少,而这个市场又非常专业。我对这些业务有一些了解,所以谈谈我对银行同业业务的一些看法。

国内银行和国外银行有很多不同。国内很多银行已经是全球性的银行,不需要再放松监管或者获得牌照,银行既是间接融资主体,又是直接融资市场最大的参与者,同时扮演综合性银行和投资银行两个角色;而国外银行则只是综合经营,并不参与银行间市场,金融市场是被高盛等投资银行主导的。在我看来,这些外资投行已然是银行间市场的主宰,它们的交易范围和复杂程度要高于中国的银行。

目前看来,理财产品的资金来源和总量还没有对银行体系构成真正意义上的冲击。因为银行同业市场上的交易量很大,交易速度非常快,资金转换频率很高,资金来源的稳定程度也比理财产品差很多,所以理财产品的风险相对于银行间市场反而较小。同时,影子银行的业务都属于银行,风险也就等同于银行的风险。由于现在有多种途径可以增加资本杠杆,例如,多次抵押票据导致银行的票据价格波动明显,增加杠杆也会导致金融市场流动性波动加剧。所以,我认为目前银行间交易市场更值得关注,这个领域发展很快,未来风险可能会更大。

银银合作规避监管的方式较多,且根据监管环境的变化,其主体形式也在不断发生着动态调整,其核心原则在于利用监管规则对同业业务的风险计算标准不同于普通银行业务,以及对不同类型银行监管上存在的差异,如在资本充足率监管要求、贷款额限制、存款准备金等管制方面对农村金融机构(主要是农信社)和政策性银行相对宽松,等等,来达到规避监管的目的。在最近几年中,出现过的最主要方式有:同业代付、票据业务合作、受益权信托的买入返售以及“内保外贷”等。同业代付是指委托行根据客户的申请,以自身名义委托他行提供融资,他行在规定的对外付款日根据委托行的指示先行将款项划转至委托行账户上，委托行在约定日期偿还融资行代付款项本息。具体类别包括信用证、国内保理、票据等。在同业代付时，代付行的会计分录为现金及准备金存款减少、同业存款增加；委托行会计分录为同业存款减少、其他应收款增加。对于委托行而言，它属于表外业务，资产负债表规模不变，原本应计入贷款项下科目内的计入了投资项下；对于代付行而言，由于有委托行的担保，它增加了一笔同业资产，也不计入贷款项下。由此达到绕过信贷规模的目的。

银银之间票据合作又称为票据双向买断。即A银行买入B银行的票据，B银行承诺在一定期限后回购，买入时A银行会计分录为现金及准备金存款减少、买入返售证券增加；与此同时，B银行买入A银行相同金额的票据，同时A银行承诺相同期限后回购，这使A银行会计分录为现金及准备金存款增加、票据减少；最终结果表现为票据减少，买入返售证券增加。由于票据贴现计入贷存比计算的分子，同时经风险暴露也须计提资本，在经过双向买断后，两个监管指标都得到改善。B银行的资产负债表结构变化与A银行一样，它也从对敲操作中获得监管缓释的益处。实际上上述操作类似于互换协议，但经过操作后本来位于贷款项下的科目却转入投资项下。

受益权信托买入返售是基于受益权信托类理财产品之上的一种同业操作。即银行以自有资金买入返售形式，向受益权信托理财产品的发起银行购买信托受益权，这种交易在购入银行的资产负债表中以同业资产形式存在。这种同业交易的发展，为发起银行提供了资金腾挪的空间，为受益权理财产品规模的迅速扩张提供了支持。

所谓“内保外贷”的人民币备付信用证融资程序为：内地企业A公司将一笔人民币资金以定期存款方式押给内地银行，内地银行据此存款的金额向海外开出一张人民币的备付信用证担保海外的B公司向海外银行融资。对境内的银行来说，开展内保外贷业务不仅给企业解决了融资难题，而且还具有诸多好处。第一，在资金如此紧张、银行同业之间存款大战白热化的情况下，开证行获得一笔稳定的人民币定期质押存款；第二，开证业务为内地银行带来可观的国际业务结算量；第三，该项业务因为符合监管当局大力推动的“人民币跨境贸易业务结算”，所以不受央行、银监会的监管指标限制，不需要占用本身的贷款规模。

影子银行的风险与监管

谢平：与美国的影子银行相比，中国影子银行的风险可能要小一点。因为资金需求者的还款能力比较强。两个主要的最终还款者——地方政府融资平台和房地产开发商的违约率都比较低。审计署、银监会、人民银行的调查都表明,地方政府融资平台的风险可控,这意味着,借钱给它们的影子银行的风险也可控。目前地方政府融资平台只有极少数违约的案例。

而且,目前影子银行的利息成本也不是很高。根据网上披露的数据,多数负债方的年利率只有5%—6%;有些信托公司付给投资者的年利率是10%,它们贷出去则是10%—15%,中间费用也不是特别高。

为了控制风险,中国对影子银行加强了监管。近期银监会出台了8号文件,对类似影子银行的产品提出了非常明确和比较严格的监管措施。我们觉得,大家可以将8号文件作为中国监管影子银行的案例展开讨论,其中的数量指标定得非常有意思。

阎庆民:与国际同类机构相比,我国的非银行金融机构受到更为严格的监管,影子银行特征并不明显,但也应予以密切关注,防止其影子银行化。我们应更多地关注"三会"监管体系外的类金融机构,防范可能出现系统性风险。为促进我国金融体系的稳健发展,建议如下:

第一,规范非银行金融机构的监管标准。对已纳入我国"一行三会"监管体系下的金融机构业务进行梳理,进一步判断是否存在影子银行业务特征,并明确监管职责,制定和加强相应的监管措施。

第二,强化对非金融机构的监管。加强对"一行三会"之外的其他政府部门监管的机构及业务的调查研究,包括小额贷款公司、典当公司、非融资性担保公司等,进一步判断其是否具有影子银行特征及其业务影响,建议相关部门采取针对性监管措施。

第三,加强对民间融资的调查研究。了解参与民间融资活动的方式、机构类型、规模、风险程度,特别是防范非法融资和金融传销风险对银行的传染,建议明确监管部门和监管政策。

第四,严格银行体系风险的管理和监管。督促银行提高并表监管能力,控制交易对手风险,重点监管银行对影子银行的大额风险暴露、转移负债和隐性支持等,防止影子银行风险向银行体系传递。

武剑:我注意到,银监会最近有一个表态:影子银行的风险还处于可控状态。

我们国家的情况与西方国家不同。美国的影子银行主要是对冲基金、PE,还包括

SPV;而中国的影子银行主要是理财、信托、民间借贷。相比之下,我们的杠杆很低,而且没有衍生工具,没有那么复杂。从这个角度来讲,中国影子银行的风险是可控的。

从规模来看,中国影子银行的问题也不算严重。美国在2008年高峰的时候,影子银行的规模达到了20万亿美元,而当时银行的总体规模只是15万亿美元,影子银行的规模超过商业银行20%以上。而中国影子银行的规模,即使把理财产品(银监会认为理财产品不算影子银行)算上,也就20多万亿元人民币,而中国银行总资产是130多万亿元人民币,中国影子银行只占银行总资产的20%不到。从规模来看,中国影子银行也应该还处于相对安全的状况。

中国影子银行的主要问题在于,影子银行越来越大,可能对货币政策、金融监管造成干扰,而且会打乱原来的金融格局。

而且,影子银行还存在与商业银行交叉感染风险的可能,这会使风险变得严重。根据上市银行最新公布的年报,2012年,银行业的不良贷款比例是0.95%,低于上一年度。2012年是十几年来中国GDP增长率最低的一年。2009年投放的4万亿元很多是在三年后也就是2012年到期。那么,2012年应该是问题集中暴露的一年。为什么不良率反而降低了呢?研究表明,企业偿还的到期贷款中有相当大一部分是它们通过影子银行而筹得的。同时,银行将所持有的已经到期的一些贷款,通过银企合作、银信合作转移到了表外。

于是,我们看到银行业资产负债表内反映的不良率不升反降。但是,系统性风险实际上是在上升。如果我们只看银行的资产负债表,可能会错误判断形势。

所以不能只讲影子银行把商业银行拖下了水,而要看到,商业银行也在不断把自己的风险转移到影子银行体系,这是一个交叉感染的过程。

当然,影子银行本身也是存在一定风险的。标普的报告认为,影子银行所涉及的信托项目整体来讲是好的,甚至比银行自身的信贷质量还好。大家可以想想,好的企业、好的项目可以从银行得到低融资成本的资金,那它们何必通过其他融资渠道获得资金呢?通过信托融资的项目基本上是风险较高、通不过银行审批的,因此它们愿意支付更高的成本。个案的研究也表明,很多信托项目的资产质量是有问题的。

对于影子银行而言,基础项目是关键。如果基础项目运行良好,有偿付能力,那么影子银行体系就是安全的。

综合上述几方面的情况,我们认为,虽然中国影子银行不值得过分担忧,但我们必须对它高度关注、认真处理,防止误判形势。

如何应对影子银行的问题呢? 我有几个想法。

第一,加快金融市场化改革是根本出路。影子银行在一定程度上是管出来的。我们的金融体制是一个抑制性的金融体制,各种限制比较多。例如,对于商业银行,我们有贷款规模的限制、存贷比的限制、准备金率的限制、资本充足率的限制,真是五花大绑。当前,实体经济对资金的需求比较旺盛,社会上流动性也很强,但储蓄者和投资者的桥梁并不顺畅,银行业这个通道比较窄,配置效率不高,所以,相当一部分资金溢出,走了影子银行这个渠道。解决影子银行的问题需要追根溯源,加快金融制度改革,包括利率市场化、拓宽融资渠道、改进与简化监管体系等等。

第二,监管部门需要联合行动。在影子银行这个领域,银监会首当其冲,做了大量工作,为金融稳定作了很大贡献。但是,跨业经营、综合化经营的发展大大超出了我们原来预想的速度。因此,只靠银行业监管是不够的,各类监管部门必须联动,防止由于不协调而出现盲区和死角。美国次贷危机之后,格林斯潘承认自己有疏漏。他忽视了监管的盲区,对冲基金、CDO等到底由谁来监管的问题一直未获解决。

随着中国影子银行的规模越来越大,一定要有部门专门负责。这就引申出一个话题:将来我们是不是要有综合化监管? 进而言之,是不是需要成立高级别的监管总署? 这些问题都还需要探讨。

第三,要将影子银行风险显性化。影子银行风险的主要问题在于不透明,而不是它真的有多么严重。我们看不清楚影子银行到底有多大风险。例如,资金池就是不透明的。很多产品筹集来的资金都放在一个池子里,哪些资金风险高,哪些资金风险低,很难分清楚。因此,应对影子银行风险的首要措施是通过法律手段,加强信息披露,将影子银行风险显性化。

对此,央行可以建立统一的信息系统,建立数据库,设定指标与方法,监测影子银行的规模和风险。

第四,对于影子银行的规模,还是要有一定的控制。美国在2008年时影子银行的规模为20万亿美元,相当于当时银行总资产的130%,所以出了问题。而中国影子银行的规模现在相当于银行总资产的1/4不到,看起来还是比较安全的。尽管如此,还是要注意控制。影子银行具有顺周期性。现在中国经济周期处于复苏的阶段,所以影子银行增长的速度还不是太快。过几年,随着投融资再加速,影子银行必然会以更高的速度增长,那时就不好控制了。

第五,要扎实推进巴塞尔资本协议的落地实施,这对管理影子银行是很有效的。巴塞尔协议Ⅲ对衍生工具、资产证券化都有资本要求。除了资本充足率要求以外,巴塞尔协议Ⅲ对杠杆率也有要求,这对表外业务风险也能起到一定的抑制作用。今年年初,银监会推出了"中国版巴塞尔协议Ⅲ",对控制我国影子银行风险能发挥积极作用。我们应该使这些规则执行到位,并进一步构建为对影子银行风险的防范机制。

朱海斌:影子银行的风险有三个来源:一是期限不匹配,这主要体现在理财产品上,短期的理财产品要支持中长期的信贷。二是违约风险。前一阵,人们对理财产品有很多讨论,有人认为这是庞氏骗局。我不赞同那个观点。我认为,庞氏骗局的核心特征在于违约风险高,但理财产品违约风险并不大。三是法律风险。我们注意到,很多理财产品写的是不保本,但投资者基本上都认为是保本的。现在理财产品的回报率平均在4%—4.5%之间,银行一年期贷款的利率是3.3%,它们之间回报率的差别并不是太高。投资者愿意买理财产品,是因为他们认为理财产品与存款一样,不会有本金损失。如果将来某些理财产品出现了本金损失,可能会导致市场的动荡。这就是法律方面的风险。

廖岷:全球影子银行的监管还在逐步探索之中,监管原则的落地有诸多障碍,包括市场基础设施滞后、监管者能力不足、利益集团的阻力等等。

目前的市场基础设施不能帮助监管者收集足够的信息。监管者面临的情况与以往不同,难以准确分析系统的风险,这对监管者是非常大的挑战。例如,对冲基金会按要求向监管当局上报一些信息,但这些信息和商业银行的资产负债表传达的信息是完全不一样的。这是2008年、2009年我们和英美监管当局双边会谈时讨论比较多的问题。他们将信息收集起来,信息越来越多,却没有办法有效处理。

利益集团的阻力体现在美国货币市场共同基金中,SEC的主席想搞结构化改革,但很快就搁浅了。当然,利益集团的阻力不一定完全是负面的,他们可能是从市场培育、市场发展的角度考虑问题,是为了更多发挥这个市场的作用。

全球影子银行的系统性风险亟待检测和评估,在全球量化宽松的环境下,这尤其重要。IMF已经发出警告,在全球量化宽松的情况下,系统性风险可能会增长。我认为,相当大一部分系统性风险存在于影子银行体系中。

影子银行的监管需要市场参与者的共同努力,需要大家一起探索建立有效的、一致的监管支柱。FSB强调推动全球监管的一致性。对于商业银行的审慎监管,巴塞尔委员会建立了最低资本要求、监管者监督检查、市场纪律三大支柱。那么,在影子银行监管上,我们有没有可能建立几个主要监管支柱?有了这样的支柱,各国的监管标准就可以逐步靠拢。

目前较为现实的取向还是强化体系内的风险管理、建立必要的防火墙以及适度将高系统性影响的业务纳入监控范畴,必要时强化监管。我举两个这方面的例子。

第一个例子是中国银监会“8号文”(《中国银监会关于规范商业银行理财业务投资运作有关问题的通知》)。“8号文”对商业银行投资于“非标准化债权资产”做了一些规定,提出了一些指标要求,意图实现资产隔离。

第二个例子是美国三大监管机构(FED、OCC、FDIC)发布的最新版《杠杆贷款监管指引》。这个指引特别强调,商业银行涉及高杠杆贷款、SPV时必须审慎。美国发出这样的监管指引,和当前的量化宽松是有关系的。监管者没有办法对全部影子银行实施直接的监管,那就强化商业银行体系的监管。这对我们是一个很重要的启示。

新兴经济体应该继续呼吁发达国家强化其影子银行监管,避免其溢出效应。

全球影子银行67万亿美元资产中,绝大部分在欧美,新兴市场国家的影子银行资产规模并不大,中国约有0.4万亿美元,只占其中的0.6%。这个口径主要包括不受监管的那部分民间借贷。虽然中国的影子银行规模小,但发达国家却表示了担忧,最近路透社发表了相关文章;一些评级机构也说,中国的影子银行隐藏了一大块高风险业务。对于它们的说法,我非常不赞同。我们国家的影子银行,绝大部分活动是信贷类或者替代信贷类的融资活动,并不是很复杂。现在有人说,中国解决好影子银行问题是对全世界的贡献。我认为,发达国家把自己的影子银行问题解决好,才真正是对全世界最大的贡献。发达国家应该评估危机之后自己影子银行的脆弱性,评估系统性风险是增加了还是降低了。

另外,影子银行是不是增加了企业的融资成本?我觉得,这需要深入分析。

融资成本最高的渠道是民间借贷。我发现,2012年以来,长三角地区的很多民营企业陷入困境,压倒它们的最后一根稻草是民间借贷。其他影子银行——无论是理财产品,还是信托贷款、委托贷款的融资成本也高于商业银行贷款利率。但是,反过来看,因为有这些新型融资渠道的存在,相对于民间融资渠道,企业融资成本才有可能降低。

中国影子银行,例如信托大部分都受到监管,并不是没有监管。现在信托的产品,特别是房地产信托基本上每一笔都要报备。我们会观察,如果一个信托公司在某个行业的集中度太高,我们会劝他们作出改变。

目前企业杠杆率太高是影子银行和正规银行的主要风险之一。我们在日常监管中,发现了这样的情况:企业除了通过银行贷款融资,还可以通过其他多种渠道融资,例如信托、私募、股权基金、民间借贷等。这些融资活动必然会改变企业的杠杆率。银行向一个企业发放贷款时,这个企业的杠杆率还不算高;但银行发放贷款之后,这个企业的杠杆率由于其他融资活动而大幅提高,银行面临的风险随之上升。这是银行贷后管理的重要问题,也是我们在监管中已经关注的问题。随着企业杠杆率的提升,这个问题对银行的威胁越来越大。我们最近处理的几个企业,都有这样的问题:银行贷款发放时杠杆率不高,之后杠杆率很快上升。针对这种现象,我们建议,银行在贷款合同条款中要有所约束。

张厚林:我从微观层面谈谈影子银行。

影子银行牵涉到三类市场主体:第一类是投钱的人,或者说投资者,例如买理财产品的老百姓;第二类是中介机构,可能是银行、信托公司,也可能是债券公司、基金公司;第三类是借钱的人,主要是企业。影子银行的风险根本上就是借钱的人未能还本付息的风险。中介机构可能对借钱的人放松了要求,导致借钱的人还本付息的能力弱。借钱的人可能缺乏自我约束,没有还本付息的能力也要去借钱。借钱的人的融资渠道越多,他们抵抗风险的能力就越强。但是,影子银行应该是一个替代通道,他们不能把它作为最主要的通道。

为了防范影子银行风险,借钱的人,主要是企业要自我约束;中介机构要有对投资人负责的心态,做好尽职调查,保证信息的充分披露,它们不能像投资银行那样,赚一笔钱算一笔;投钱的人,其中很多是老百姓,要更谨慎。如果这三类人都各负其责,影子银行的风险会大大降低。

我要特别说说投资人的责任。实事求是地讲,买银行理财产品的人都不知道风险在哪里,他们被银行的"预期"两个字给蒙蔽了。市场培育有一个过程,让投资者形成契约精神、风险自担需要时间。股市发展的初期,有亏了的人冲进交易所闹事,现在就没有这样的人了。大家都形成了这样的观念:股市有风险,入市需谨慎。

错配其实不算太大的问题。银行表内的业务也是错配的,如果没有错配,那就变成委托贷款了,银行挣不到什么钱。这边吸收老百姓、企业的存款,那边发放贷款,怎么可能一一对应呢?错配包括期限不匹配,理财产品等影子银行融资方式大多是短期的,而企业贷款是长期的。错配是普遍存在的,我认为这不是什么大问题。

银监会发"8号文",要将商业银行理财业务的投资纳入银行审批渠道。从监管的角度看,这样做是适当的。

曾刚:我想提两个问题。

在我们看来,影子银行在很大程度上其实是监管套利的产物。从某种意义上来讲,它是监管本身的产物。现有的监管制度影响了当前影子银行的形式和发展;针对现有影子银行的监管政策又会导致与之相对的新型影子银行的产生,这是一个动态的过程。我们看到,在过去一段时间,中国影子银行监管套利的重点在发生着变化。早期的影子银行纯粹为了绕过信贷额度管制,现在则开始针对新资本协议。巴塞尔协议III给大家提供了新的套利空间。

巴塞尔协议III中的流动性监管指标非常复杂,让人很难理解。如此复杂的东西,其出发点可能是把所有风险都按住,但结果可能是形成更多更大的新套利浪潮,反而使形势变得更加复杂和不可控。那么,监管者如何看待这种制约与反制约,如何进行权衡?这是我的第一个问题。

在中国,银行占据了金融体系的主导地位,银行监管的变动,不只会影响银行的行为,还会对宏观经济产生很大的影响。从某种意义上来讲,监管变动会对货币政策产生干扰。那么,我们怎样评估监管政策的宏观效应?这是我的第二个问题。

廖岷:这两个问题提得非常好。在我们参加的国际监管会议上,这两个是热点问题。加强监管会产生新的监管套利,全球监管当局都觉得这是难题。我们也要考虑这个问题。我们不可能完全去影子化,而应该找到一个平衡。

但我们现在缺少一个衡量影子银行发展水平的指标。刚才有人说,影子银行的增长速度是一个指标。四大部门的负债,及负债在各部门之间的转移,也是一个很好的角度。如果我们有一些指标,就可以在鼓励与制约之间做好权衡。

如果我们能够分析清楚每一个环节的风险及其传递,那我们就可以知道哪些环节需要改良。例如,这次美国证券化出了问题,根本原因是基础资产的质量不好。因此,用不良资产做资产证券化的问题就要非常审慎。当然,在金融市场中能不能允许高风险债券存在,这个还可以讨论。

金融监管与货币政策之间如何相互配合,这也是非常热烈的话题。我们要研究宏观审慎监管对宏观政策可能产生的影响。

武剑:现在国际银行业监管越来越复杂,导致越来越多的监管套利。巴塞尔协议的发展方向应该是简化,所谓大道至简,返璞归真。将来的资本协议应该是资本充足率和杠杆率并重,而其他监管指标仅作为辅助。如果资本协议将杠杆率提到10%以上,量化宽松环境下产生的很多衍生工具就会受到抑制。

至于监管与宏观政策的关系,我认为,监管部门应该和货币政策保持一定距离。货币政策应该对宏观经济波动及时进行微调,是相机抉择的;而监管是相对稳定的,一套规则定下来,不应该频繁变动。监管政策要稳定,不要过多参与宏观经济调控。否则有可能打乱宏观政策部署,造成新的政策叠加效应,该踩油门的时候,有时却多踩了一脚刹车。在宏观调控方面,监管部门的主要任务是设法减轻银行体系的亲周期性。

朱海斌:监管的历史有100多年,金融创新与监管一直是紧密相关的。以后监管还会有新的变化,金融产品和机构也会有新的创新,这是很自然的现象。

中国银行业监管最近几年在推行巴塞尔协议II、巴塞尔协议III,这并不能简单地说是监管变得更复杂。新巴塞尔协议实施的另外一个好处是让银行建立自己的风险管理机制。

巴塞尔协议III出台之后,不仅中国,美国的大银行也抱怨它太复杂。有人说巴塞尔协议IV会回归简单,但我尚未听说关于巴塞尔协议IV的事情。如果巴塞尔协议IV以杠杆率为基准,其他指标为辅助,那它又走到了另一个极端,忽视了风险控制的基本理念。

巴塞尔委员会提出逆周期监管,让银行在经济上行的时候就增加资本金要求,但这并不是完全动态的。只有当信贷快速扩张、资产价格急剧上升时,逆周期监管才会启动。在一个正常的经济周期中,并没有逆周期资本监管的要求。

实施逆周期资本监管的原因是金融体系对宏观经济的影响越来越大。金融体系是顺周期的,而且,它的波动会对实体经济造成很大影响。美国、欧洲都有这样的事例。金融危机之前,人们都认为,货币政策不应该关注资产价格,但危机之后人们的想法发生了一些根本性的变化。我认为,从理论上来说,逆周期监管是一个很好的设计。

目前我们担心的是,逆周期监管能不能得到执行?我们看到,欧元区的一些逆周期监管措施实行起来非常难。当资产价格出现泡沫时,监管部门有没有能力去提高资本要求?在经济很差的情况下,监管部门有没有能力降低资本要求?从实践看执行起来难度很大。

徐然:中国一直用数量工具进行调控,是有一定原因的,主要是因为信贷需求的市场化程度不高。很多地方政府的信贷需求非常大,如果央行用价格工具去调控,可能难以取得效果。在这种情况下,数量工具的效果会更好。

因为市场化程度不高,信贷、原材料等资源的配置往往不是特别合理。影子银行能规避数量工具,对资源错配能有一定的纠错作用。

另外,我想说两点:

第一,高杠杆运作的金融机构需要更多监管。对于银行而言,高杠杆会带来高利润,但目前尚未控制好风险。在监管不完备的情况下,高杠杆率的回报会让银行倾向于承担高风险,这样会导致银行变为风险偏好型企业。

第二,影子银行与中小企业融资的问题。中国的银行对表内业务的风险偏好很相似。在有杠杆的情况下,银行希望有很健全的风险纠错机制,这样使得风险纠错代价很大。举个例子,在美国,如果理财产品的价格够高,可以吸收一定风险,因此使用杠杆的金融机构的次贷并不存在风险;而中国的情形很不一样,银行都更认可政府和央企的信用,从而导致资源错配。同时带来一个问题,虽然影子银行资产规模扩展很快,但是中小企业融资的问题仍然没有得到解决。

我的政策建议是,既然是变相的资产证券化,也是银行间的资产证券化,只不过降低了风险,还不如直接开放资产证券化,资本金以及拨备可能还相对合理。而且在美国资产证券化的过程中,虽然购买所用资金是自己的,但在研究过程中考虑的层面不太一样,研究更加深入,由此造成的长期风险也不太一样。

马青:我来自一家对冲基金,希望能为大家提供一些不同的视角。

今年2月份,全球20多家对冲基金召开了一次会议,讨论今年的发展计划。一家宏观对冲基金说,今年下半年要撤出中国。

我认为中国地方政府融资平台基本不存在系统性风险。但是,从2011年秋开始,中国上市银行的股价却因为所谓的“高风险”而被砸得非常低。现在影子银行也面临这样的问题。

海外公司投资者不看好中国的银行及影子银行，一是因为它们根据经验推断中国的杠杆率会迅速上升；二是因为它们不了解中国的金融业务，它们不知道中国的理财产品、信托产品是什么样的，它们不知道中国的信托公司与其他国家的资产管理公司并不相同。因此，一有风吹草动，它们就会打压银行股的股价。

前不久，中信信托要拍卖三峡全通的债权，国内投资者没觉得这是太大的问题，但海外却将这个事件炒得沸沸扬扬。它们认为，这是高风险的信号。国内外对一些问题的认识是完全不一样的。

如果我们在乎在香港上市的中国银行股的股价，那么，我们就要与国外投资者进行沟通并对他们进行教育，否则，我们的话语权会越来越少。

阎庆民：《金融时报》和《上海证券报》对非标准化债权资产的问题做过专门讨论。我们计算了2012年实际发生的非标准债权资产，大概是2万多亿元人民币。2012年银行业总资产为133万亿元人民币，4%就是5万亿元。那么，银行理财资金投资非标准债权资产的空间还很大。

关于影子银行的讨论要与货币政策及其传导联系起来，我们要考虑监管与货币政策之间的协同。由于宏观经济中出现了很多新的变量，我们不能用传统理论来评估财政政策、货币政策的效果，这两大政策有效用衰减的现象。这几年很多学者都谈到了这个问题。我们今后做研究需要更深入地讨论这个问题。

与宏观政策相比，监管政策缺少成熟理论的支持。金融监管在一定程度上借用了电信管制、航空管制的经验。但金融远比航空、电信复杂得多，具有很强的外部性，所以，金融监管理论一直不太成熟。

危机之后，大家都在反思。华尔街的工程师说，很多模型都没有问题，但市场没有流动性了，于是出了问题。他们没有检讨自己的模型有什么问题。

影子银行本身是中性的，我们不是要通过监管把它牢牢管住。

大家提出了监管的一些问题。我觉得，针对影子银行，是不是要有一些监控指标？近期来讲，我们可能还是得把它管住。当然，长期来看，我们还是要深化改革。

美联储没有救助雷曼，危机由此深化。后来美联储吸取教训，救助了一些机构，稳住了形势。这说明，发达国家也在纠错。我们一直在研究纠错机制，争取快速纠正。纠错不只靠监管部门，还要靠市场的力量。

社会融资规模的内涵、统计原则与理论基础

◎ 盛松成

摘要：从2011年起，我国宏观调控引入了一个新的指标概念，这就是社会融资规模。三次《政府工作报告》和三次中央经济工作会议都强调，要保持合理的社会融资规模。社会融资规模是指一定时期内实体经济从金融体系获得的资金总额，是全面反映金融对实体经济的资金支持以及金融与经济关系的总量指标。与货币供应量从金融机构的负债方统计不同，社会融资规模从资产方进行统计。社会融资规模在理论上得到了货币政策传导机制信用观点的支持。社会融资规模的推出，与近年来我国金融市场和产品不断创新、直接融资快速发展、非银行金融机构作用明显增强、商业银行表外业务大量增加、社会融资结构发生显著变化的经济金融环境是相适应的。实证研究也表明，我国的货币政策能有效影响社会融资规模，社会融资规模也对经济增长、物价水平、投资消费等实体经济指标产生较大影响，社会融资规模是反映金融与经济关系的良好指标。编制社会融资规模指标也有利于加强金融对实体经济的支持。

关键词：社会融资规模　货币政策传导　货币观点　信用观点

作者盛松成系中国人民银行调查统计司司长，教授，研究员，博士生导师。本文只代表作者观点，不代表所在单位意见。

一、社会融资规模概念的提出

2010年,在中国人民银行行长周小川的带领下,人民银行开始研究社会融资规模(又称社会融资总量或社会融资总规模)。从2011年起,社会融资规模成为我国宏观调控新的指标概念。这一概念已经连续三年写进中央经济工作会议的文件,连续三次写进《政府工作报告》中。今年1月21日,温家宝同志来人民银行调研,在周小川行长的陪同下,视察了调查统计司金融业综合统计处,了解了社会融资规模总量、结构、变化等情况,并肯定了人民银行的这一工作。

关于社会融资规模有三种提法:社会融资规模、社会融资总规模和社会融资总量。这三种提法的概念、内涵和外延实际上是完全一致的,但我个人还是倾向于“社会融资规模”的提法。因为这是一个特定含义的概念指标,它并不包含整个社会所有融资,比如国债、FDI和外汇占款,同时这一提法也恰恰反映了社会融资规模指标的概念、内涵和本质,体现了金融体系对实体经济的资金支持作用。

二、社会融资规模的内涵

(一)社会融资规模的定义

社会融资规模是全面反映金融与经济关系以及金融对实体经济资金支持的总量指标,它有三个含义:一是金融与经济的关系,二是金融对实体经济的资金支持,三是总量指标。具体地说,社会融资规模是指一定时期内(每月、每季或每年)实体经济(即企业和个人)从金融体系获得的资金总额。这里的金融体系是整体金融的概念,从机构看,包括银行、证券、保险等金融机构;从市场看,包括信贷市场、债券市场、股票市场、保险市场以及中间业务市场等;从地域看,是实体经济从境内金融体系获得的资金总额。

(二)社会融资规模的组成

社会融资规模主要由三个部分构成。一是金融机构通过资金运用直接对实体经济提供的全部资金支持,主要包括人民币各项贷款、外币各项贷款、信托贷款、委托贷款、金融机构持有的企业债券及非金融企业股票、保险公司的赔偿和金融机构投资性房地产等。二是实体经济利用规范的金融工具、在正规金融市场、通过金融机构信用或服务所获得的直接融资或信用支持，主要包括银行承兑汇票、非金融企业境内股票筹资及企业债的净发行等。三是其他融资，主要包括小额贷款公司贷款、贷款公司贷款等。另外，未来条件成熟，可将产业基金投资、私募股权基金、对冲基金等新的融资渠道计入社会融资规模。

目前，社会融资规模包含十个子项，即人民币各项贷款、外币各项贷款、委托贷款、信托贷款、银行承兑汇票、企业债券、非金融企业股票、保险公司的赔偿、金融机构投资性房地产和其他融资。

(三)社会融资规模的统计原则

根据国际货币基金组织《货币与金融统计》金融概览和资金流量核算框架，社会融资规模的统计主要有五项原则：即居民原则、金融原则、合并原则、增量统计与计值原则、可得性原则。

(1)居民原则。这里的居民相对于国际经济中的非居民而言。社会融资规模的持有部门和发行部门均为居民。社会融资规模的持有部门(即借款人或债务人)，是指通过自身的负债活动获得资金的实体经济部门，即家庭和非金融性公司；社会融资规模的发行部门(即贷款人或债权人)，是指实体经济所获资金的境内提供者，除境内金融性公司外，还包括家庭和非金融性公司。按照居民原则，外商直接投资、外债和外汇占款均不计入社会融资规模。

(2)金融原则。社会融资规模是指一定时期内实体经济从金融体系获得的资金总额，而国债发行的主体是政府。而且，国债筹集的资金相当部分用于政府的各项日常开支以及弥补财政赤字，而不直接进入实体经济生产领域。国债的发行与兑付属于财政政策的范畴。

(3)合并原则。社会融资规模包括各种金融机构、金融市场通过间接或直接方式向实体经济提供的资金支持。因此，在统计社会融资规模时，要将金融机构相互间的债权和债务关系合并处理。在数据汇总方面，金融机构之间的债权和所有权关系相互轧差，不重复计算。例如，金融机构之间相互持有的股权、金融机构之间相互持有的债券等等，都不计入社会融资规模。

(4)增量统计与计值原则。社会融资规模是增量概念，为期末、期初余额的差额，也可以是当期发行或发生额扣除当期兑付或偿还额的差额。社会融资规模各项指标统计,均采用发行价或账面价值进行计值,以避免股票、债券等金融资产的市场价格波动扭曲实体经济的真实筹资。具体计价方式如下:贷款类金融资产用账面值计价;银行承兑汇票用承兑时的汇票账面值计价;债券和股票类资产按真实筹资金额计值;外汇资产用统计时点的中间汇率转换为人民币计价。比如股票只算原始价、发行价,因为原始价、发行价才反映金融对实体经济的资金支持。虽然股价每天都在波动,但这个波动和实体经济所获资金没有直接关系,债券也是如此。

(5)可得性原则。有些项目的数据不可测。撇掉没法统计、不可测、不可得的数据符合国际统一的统计原则。民间融资和私募股权理论上应计入社会融资规模,但由于数据可得性差,暂不计入。未来条件成熟时,可考虑将其计入。

三、社会融资规模的基本特点和重要意义

(一)社会融资规模的基本特点

一是人民币贷款增加较多,但占比下降至历史最低水平。2002年人民币贷款增量约为2万亿元,占社会融资规模的91.9%;而2012年人民币贷款增加8.2万亿元,占同期社会融资规模的52%,占比为年度历史最低水平。在这种情况下,单单研究人民币贷款,而不研究社会融资规模中的其他组成部分,显然不能全面反映金融与经济的关系,不能全面反映金融对实体经济的资金支持。

表1　　社会融资规模总量　　单位:亿元人民币

	2012年	2011年	2010年	2009年	2008年	2007年	2006年	2005年	2004年	2003年	2002年
社会融资规模	157 631	128 286	140 191	139 104	69 802	59 663	42 696	30 008	28 629	34 113	20 112
人民币贷款	82 038	74 715	79 451	95 942	49 041	36 323	31 523	23 544	22 673	27 652	18 475
外币贷款(折合人民币)	9 163	5 712	4 855	9 265	1 947	3 864	1 459	1 415	1 381	2 285	731
委托贷款	12 838	12 962	8 748	6 780	4 262	3 371	2 695	1961	3 118	601	175
信托贷款	12 845	2 034	3 865	4 364	3 144	1 702	825	—	—	—	—
未贴现的银行承兑汇票	10 499	10 271	23 346	4 606	1 064	6 701	1 500	24	-290	2 010	-695
企业债券	22 551	13 658	11 063	12 367	5 523	2 284	2 310	2 010	467	499	367
非金融企业境内股票融资	2 508	4 377	5 786	3 350	3 324	4 333	1 536	339	673	559	628
投资性房地产	50	166	46	23	16	—	—	—	—	—	—
保险公司赔偿	3 132	2 455	1 827	1 640	1 481	1 084	848	715	607	507	432
其他	2 008	1 936	1 204	769	—	—	—	—	—	—	—

资料来源:人民银行、发改委、证监会、保监会、中央国债登记结算有限责任公司和银行间市场交易商协会。

表2　　社会融资规模结构　　单位:%

	2012年	2011年	2010年	2009年	2008年	2007年	2006年	2005年	2004年	2003年	2002年
社会融资规模	100	100	100	100	100	100	100	100	100	100	100
人民币贷款	52.0	58.2	56.7	69.0	70.3	60.9	73.8	78.5	79.2	81.1	91.9
外币贷款(折合人民币)	5.8	4.5	3.5	6.7	2.8	6.5	3.4	4.7	4.8	6.7	3.6
委托贷款	8.1	10.1	6.2	4.9	6.1	5.7	6.3	6.5	10.9	1.8	0.9
信托贷款	8.1	1.6	2.8	3.1	4.5	2.9	1.9	—	—	—	—
未贴现的银行承兑汇票	6.7	8.0	16.7	3.3	1.5	11.2	3.5	0.1	-1.0	5.9	-3.5
企业债券	14.3	10.6	7.9	8.9	7.9	3.8	5.4	6.7	1.6	1.5	1.8
非金融企业境内股票融资	1.6	3.4	4.1	2.4	4.8	7.3	3.6	1.1	2.4	1.6	3.1
投资性房地产	0.03	0.13	0.03	0.02	0.02	—	—	—	—	—	—
保险公司赔偿	2.0	1.9	1.3	1.2	2.1	1.8	2.0	2.4	2.1	1.5	2.1
其他	1.3	1.5	0.9	0.6	—	—	—	—	—	—	—

资料来源:人民银行、发改委、证监会、保监会、中央国债登记结算有限责任公司和银行间市场交易商协会。

表3　　各类业务占社会融资规模比重的变化　　单位:%

人民币贷款占比不断下降

	2012年	2002年	2012年与2002年相比
人民币贷款占比	52	91.9	下降 39.9

金融机构创新业务融资功能显著增强

	2012年	2002年	2012年与2002年相比
银行承兑汇票占比	6.7	-3.5	上升 10.2
委托贷款占比	8.1	0.9	上升 7.2
信托贷款占比	8.1	0	上升 8.1

直接融资快速发展

	2012年	2002年	2012年与2002年相比
企业债券融资占比	14.3	1.8	上升 12.5

资料来源:人民银行。

二是企业债券和股票融资十分活跃,拉动直接融资占比创历史最高水平。2012年非金融企业境内债券和股票合计融资2.50万亿元,占同期社会融资规模的15.9%,占比为年度历史最高水平。

三是金融机构表外业务融资功能继续增强。2012年实体经济以未贴现的银行承兑汇票、委托贷款和信托贷款等方式合计融资3.62万亿元,比上年多1.10万亿元。

四是保险公司、小贷公司及贷款公司对实体经济支持力度有所加大。2012年保险公司赔偿3 132亿元，比上年多677亿元；小贷公司及贷款公司新增贷款2 008亿元，比上年多72亿元。

从表3可以看出，最近几年，社会融资规模中人民币贷款比例在下降，但是有两个方面增长非常快，一是商业银行的表外业务，包括委托贷款、信托贷款、银行承兑汇票，总计已经超过20%；还有就是直接融资，2002年企业债券占社会融资规模的比例是1.8%，而2012年这个比例已经达到14.3%。商业银行的表外业务和直接融资迅速发展，是社会融资规模结构改变的根本原因。如果只盯着贷款规模，将形成“按下葫芦浮起瓢”的现象，即商业银行通过表外业务绕开贷款管理。

(二)社会融资规模概念提出对金融宏观调控的重大意义

一是有利于促进直接融资发展，改善企业融资结构，发挥好股票、债券等融资工具的作用，更好地满足多样化投融资需求。

二是有利于促进金融宏观调控更具有针对性和有效性。目前，金融机构表外业务发展较快。表外业务资金最终都会通过信托贷款、委托贷款、银行承兑汇票、企业债券、股票等金融工具投放于实体经济，而这些金融工具都已包含在社会融资规模中。

三是有利于促进金融宏观调控机制的市场化改革。社会融资规模能够将数量调控和价格调控有机结合起来，进一步推进利率市场化，进一步促进金融宏观调控向市场化发展。

四是有利于加强金融对实体经济的支持。当前通过金融体系向实体经济提供融资支持的不仅仅有人民币贷款和外币贷款，还有债券、股票、委托贷款、信托贷款、银行承兑汇票等多种方式。社会融资规模能够多角度地反映各类融资支持实体经济的状况，反映金融服务和支持实体经济的本质要求。

四、社会融资规模符合货币政策监测分析指标的要求

到目前为止，对于社会融资规模与货币政策关系有四种提法。一是作为货币政策监测分析指标，这个提法突出了对社会融资规模的统计、分析和监测。二是作为货币政策的中间变量，这个提法突出了货币政策中间变量与最终目标之间的关系，而又

避开了调控的含义，比较中性。三是作为货币政策的总量指标，这个提法强调了社会融资规模的总量概念，突出了社会融资规模的内涵，同样避开了调控的含义。四是作为货币政策的中间目标，这个提法强调了货币政策中间目标与最终目标的关系，具有货币政策调控指标的含义（替代信贷规模指标）。我倾向于用第一个提法——社会融资规模是货币政策监测分析指标。

作为货币政策中间目标需要符合三个条件：相关性、可测性和可控性。目前社会融资规模的可测性和相关性没问题，但是在可控性方面还有点问题。

（一）社会融资规模满足“可测性”要求

所谓可测性，是指该指标必须具有明确而合理的内涵和外延，有科学的编制框架，能够定期、准确收集和核算。社会融资规模是符合这一要求的指标。

我国社会融资规模指标主要依据国际货币基金组织的《货币与金融统计手册》金融概览和资金流量核算框架进行编制。人民银行2011年按季公布社会融资规模数据，从2012年开始按月公布。从实际情况看，我们目前做到了在公布货币供应量和存贷款数据的同时，每月向社会公布社会融资规模数据。同时我们不仅能够统计全国的社会融资规模，而且能分省市统计社会融资规模，各个地区的数据加总和全国数据的误差率不到0.2%。这些都说明社会融资规模指标统计已经基本满足“可测性”要求。

（二）社会融资规模满足“相关性”要求

相关性是指该指标与货币政策最终目标相关性密切。与原有的中间变量相比，社会融资规模与经济增长、产出、物价等主要经济变量的相关性更强。相关性实际上包含两个方面：一是社会融资规模本身与经济指标的相关性，包括与物价、GDP、投资等的相关性；二是货币政策的调控手段，如准备金率、利率等能不能有效影响社会融资规模。根据我们的研究和其他研究，总体来看，在这两方面，相关性都比较强。

1. 相关性分析

基于2002年至2012年数据，我们对社会融资规模、新增人民币贷款与主要经济指标分别进行统计分析，结果表明，货币政策能有效影响社会融资规模，同时，与新增人民币贷款相比，社会融资规模与主要经济指标关系更紧密。社会融资规模与GDP、消费、投资、CPI等主要经济指标的相关系数均在0.8以上，平均比新增人民币贷款与主要经济指标的相关系数高0.1左右。而从表4来看,我国社会融资规模与GDP、社会消费品零售总额、城镇固定资产投资、工业增加值、CPI的关系更紧密,相关性显著优于新增人民币贷款。社会融资规模与利率、基础货币的相关性,也要强于新增人民币贷款。

表4　　社会融资规模与主要经济金融指标的相关性

指标/相关系数	社会融资规模	新增人民币贷款
与基础货币、利率相关性		
基础货币	0.15	0.06
利率	-0.57	-0.53
与主要宏观经济指标相关性		
GDP	0.85	0.73
消费	0.75	0.63
投资	0.78	0.65
工业	0.68	0.55
CPI	0.65	0.54

注:上述相关分析表中,除GDP采用季度数据外,其他数据均采用月度数据。时间段为2002年至2012年。

2. 协整和格兰杰因果检验分析

协整和格兰杰因果检验分析表明:社会融资规模与基础货币、利率之间存在长期稳定的协整关系,且基础货币和利率变动是引起社会融资规模变动的格兰杰原因。同时,社会融资规模与固定资产投资、GDP和CPI等实体经济变量之间也存在长期稳定的协整关系,社会融资规模与固定资产投资、GDP和CPI之间存在显著的因果关系。

表5　　社会融资规模与货币政策操作目标、最终目标的关系分析

<table>
<tr><th colspan="2">指标</th><th>协整关系检验</th><th>因果检验结果</th></tr>
<tr><td rowspan="3">社会融资规模</td><td>固定资产投资</td><td>存在</td><td>互为因果关系</td></tr>
<tr><td>GDP</td><td>存在</td><td>互为因果关系</td></tr>
<tr><td>CPI</td><td>存在</td><td>社会融资规模是CPI的格兰杰成因</td></tr>
<tr><td rowspan="2">社会融资规模</td><td>基础货币</td><td>存在</td><td>互为因果关系</td></tr>
<tr><td>利率</td><td>存在</td><td>利率是社会融资规模的格兰杰成因</td></tr>
</table>

资料来源:根据中国人民银行调查统计司和国家统计局数据测算得出。

五、社会融资规模与货币供应量的区别

社会融资规模与货币供应量是一个硬币的两个面，但两者具有不同的经济含义。从金融性公司概览看，资产方主要体现为金融机构对实体经济的资金支持，包括人民币贷款、外币贷款、委托贷款及信托贷款的投放；非金融企业及其他部门股票以及企业债券的持有；投资性房地产和银行承兑汇票等。负债方主要体现为金融机构的货币创造和社会流动性增加，包括流通中现金、非金融性企业及其他部门存款、非居民存款、居民储蓄存款和证券公司客户保证金存款等。

表6 **金融性公司概览**

资 产	负 债
1 贷款 （社会融资规模）	1 流通中现金 （M_0）
1.1 人民币贷款	2 本外币存款
1.2 外币贷款	2.1 活期存款
1.3 委托贷款	财政活期存款
1.4 信托贷款	居民活期储蓄存款 （M_2）
2 有价证券	非金融企业及其他部门活期存款（M_1）
2.1 股票	非居民活期存款 （M_1）
非金融企业及其他部门股票（社会融资规模）	2.2 定期存款
非居民股票	财政定期存款
2.2 债券	居民定期储蓄存款 （M_2）
国债	非金融企业及其他部门定期存款（M_2）
企业债券 （社会融资规模）	非居民定期存款 （M_2）
非居民债券	2.3 其他存款
2.3 非股票证券	证券公司客户保证金存款 （M_2）
银行承兑汇票 （社会融资规模）	2.4 外币存款
2.4 回购协议（买入返售资产）	3 股票以外的证券
2.5 其他金融工具（含权证、资产支持证券）	3.1 银行债券（含央票、银行普通债）
3 国外资产	3.2 其他金融工具（含权证、资产支持证券）
3.1 货币黄金及特别提款权	4 保险技术准备金
3.2 外汇储备	5 股票和其他权益
3.3 对非居民的其他资产	
4 投资性房地产 （社会融资规模）	

注：保险公司赔偿（保险公司的一种资金运用行为）以及其他经济部门持有的企业债和企业股票，是社会融资规模的组成部分，但不体现在金融性公司概览中。

货币供应量是金融机构的负债，包括M_0、M_1和M_2，反映的是整个社会的流动性和购买力。而社会融资规模反映的是资产方，是金融机构的资产、实体经济的负债。因此，社会融资规模不可能替代货币供应量，最多只能取代人民币贷款指标，即资产方和负债方相互有影响，但是不能相互替代。

六、社会融资规模的理论基础

多数经济学家都认为，货币政策可以影响商业银行等金融机构资产负债表（见表7），进而影响产出和价格水平。因此，从金融机构资产和负债两个角度分析，货币政策传导机制理论大体可分为货币观点（负债方）和信用观点[①]（资产方）两大派。

表7　　商业银行资产负债表

资　产	负　债
现金及在央行的存款	活期存款
贷款	定期存款
所持有的证券	其他
其他	

（一）从负债方论述货币政策传导机制——货币观点

最初的货币观点以IS-LM模型为基础，将金融资产分为两类：货币及债券（或证券）。当实施一定的货币政策，比如紧缩政策时，中央银行可在公开市场上出售证券。为吸引企业和居民用手中的活期或定期存款（货币余额）来购买这些证券，央行必须提供较高的收益率。当企业和居民购买证券的行为结束后，银行存款余额下降，银行准备金减少。为满足法定准备金要求，银行就得出售证券或减少贷款。在这一过程中，货币供给随着存款下降而相应减少，于是利率上升。利率上升使得对利率敏感的支出（比如投资和耐用品消费）下降，从而总支出下降，经济下行[②]。

---

① 也有一些文献将从资产方分析货币政策传导机制的理论称为信贷观点，比如，陆前进、卢庆杰（2006），李安勇、白钦先（2006）等。

② 在货币观点的表述中，利率上升，除了通过影响总支出（总需求），导致产出下降外，还可通过引起总供给下降导致产出下滑［比如Christiano和Eichenbaum (1992) 的模型分析］。但不管是总需求分析，还是总供给分析，货币政策的传导均通过银行资产负债表的负债方。

首先，在央行收缩基础货币、银行准备金减少、货币供应量下降、总支出下降的过程中，商业银行有两种活动会使货币减少，一是收缩贷款，二是向企业、居民等非金融部门卖出证券。但货币观点强调商业银行等金融机构资产负债表中负债一方（如活期和定期存款）的变化，认为货币变动无论是由减少贷款发放，还是由卖出证券引起，都会对实体经济产生同样的影响，也就是说，引起货币供给变化的原因并不重要，因此可以忽略资产一方。其次，货币作为银行部门的负债，对应着企业、家庭等部门的资产，是实体经济部门拥有的购买力，同时，货币也构成了整个经济体系中的流动性。无论是购买力还是流动性，均反映了社会的总需求。而这与自凯恩斯以来，主流经济学更强调总需求管理，而相对忽视供给管理，是一致的。可见，货币观点认为货币更能够反映金融与实体经济的关系。最后，货币观点指出，银行发放贷款，货币就得到创造，银行减少贷款，货币供给就下降，银行贷款与货币总量之间的相关度非常高，因此忽略贷款（资产方），而只关注货币供应量（负债方），也是可行的。此外，中央银行可以通过公开市场操作、基准利率变动等多种手段调节货币供应量，而且这种调控比控制资产方的贷款更直接、更有效。总之，货币观点更重视货币，而不是信贷。同时这一理论将贷款、债券和其他债务工具均归为“债券”，就使得银行体系的负债方处于货币政策传导的核心位置，而资产方则被忽略了。

早期的货币观点认为货币对经济的影响是间接的，即需通过利率变动来影响总产出，因而是凯恩斯学派的。之后货币学派的货币观点则认为货币需求函数是相对稳定的，货币需求的利率弹性较低，但货币需求受收入影响较大，因此货币供给变动对利率的影响较小，而对支出水平影响较大。所以，货币对经济的影响更直接，也更强烈。无论是凯恩斯学派的货币观点还是货币学派的货币观点，都认为货币（负债）一方的变化，就足以反映货币政策的传导及其对实体经济的影响，只不过前者强调货币的价格途径，后者强调货币的数量途径。

货币观点成立需要一些前提条件，尽管一般教科书并不强调这些条件。一是市场是完全的，信息是充分的。货币观点认为只关注银行体系资产负债表的负债方就足以明察货币政策传导的整个过程，因此可以忽略资产方。这一观点的假设前提是，从资金供给到资金需求的信用创造是稳定的，企业的投资意愿仅由投资的实际收益和实际利率水平所决定，企业的金融环境（如货币条件）也不会影响投资决策，因而信用创造过程，甚至整个金融体系的运行都可以被忽略。这与传统的经济学理论以充分信息为前提，逻辑上是一致的[①]。二是所有的非货币金融资产都可以完全替代。货币观点将所有非货币金融资产均归入债券，其实就是假定各种非货币金融资产之间可以相互替代。这也意味着，财富持有者对货币和非货币金融资产的选择比较敏感，但对债券、股票等非货币金融资产之间的选择并不敏感，企业也不会很关心其负债的类型（比如是内部或外部融资）。简言之，信用工具的类型一般不影响实体经济。

（二）货币观点的主要缺陷

货币观点是目前西方经济学占主流地位的货币政策传导机制理论，但对这一理论也有不少争议，这些争议多与该理论的前提条件有关。

一是市场通常不完善，信息通常不完全。货币观点的前提条件之一是市场机制健全、信息充分和对称、金融市场发达，但现实往往是信息并不完全，买卖双方信息并不对称[②]，市场结构并不完善。而如果引入不完全信息理论，则传统的以完全市场假设为基础的经济分析结论，都可能被推翻[③]。

二是各种非货币金融资产之间并不能完全替代。货币观点简单地将金融资产划分为货币和债券两种类型是不全面的，甚至是错误的。事实上，非货币金融资产（比如政府债券、商业票据、股票、银行贷款、消费者信用）之间的差异是明显的，并不能完全替代。这些资产的变化对经济的影响也不完全相同。

三是贷款增长与货币增长经常背离。以美国为例，从20世纪70年代开始，银行贷款增速和货币供应量增长经常不一致。我国也经常出现货币偏宽松，但贷款增长较慢，或相反的例子。这表明从商业银行的负债方（货币）和资产方（贷款）分别观察

---

① 不少研究也表明，如果市场完全、信息充分，忽略资产方而只关注负债方的货币是可行的。比如Franco Modigliani和Merton Miller（1958）的研究表明，在信息充分的完全市场假设条件下，企业对资产的选择并无重大的经济学意义，真实的经济变量仅取决于消费者口味、技术水平和投入。Fama（1980）则将Franco Modigliani和Merton Miller的分析扩展到整个银行体系。Fama认为，在完全市场假设下，无论公众拥有股票还是银行存款，都只影响所有权归属，而不会影响实际产出，实际产出仅取决于消费者偏好、技术水平和资源。简言之，金融体系只是一层面纱。

② 事实上，信用创造的过程也就是信息收集和输送的过程。银行及其他信用中介机构之所以能够存在，就是因为这些机构凭借其专业背景，能够分辨贷款者的信用和还款能力，从而解决信息不对称问题。

③ 比如George A. Akerlof（1970）的研究举了一个二手市场的例子（柠檬市场）。Akerlof指出，在二手市场中，买卖双方信息不对称，买方通常会将卖方的降价行为视同商品质量的下降，因此，在二手市场中，降价往往不能增加需求，能使市场出清的所谓均衡价格也可能并不存在。

货币政策传导,结论可能不一样。

四是货币创造的途径不同,对实体经济的影响也不同。货币观点认为,不管货币创造是由银行购买证券引起,还是由银行发放贷款引起,两者对实体经济的影响是一样的。但事实上,尽管银行贷款增加和等量的银行证券购买对货币供应量的影响基本相同,但银行贷款对总支出的刺激可能更大,因为比起向银行出售证券,从银行获得贷款的个人和企业更愿意将这部分资金用于购买商品和劳务。

(三)从资产方论述货币政策传导机制——信用观点

由于货币观点存在上述一系列缺陷,从20世纪50年代开始,不少经济学家陆续提出并最终形成了货币政策传导的信用观点。根据信用观点,以货币为代表的负债方并不能全面反映货币政策的传导过程及其影响,贷款等资产方的主要项目,也能反映货币政策对实体经济的影响。需要指出的是,经济学家们提出信用观点,不是为了完全否定和取代货币观点,而是试图对货币观点予以补充和完善。

信用观点认为在经济运行中,市场竞争并不完全,信息并不充分,信用创造的过程远非完善,有些情况下可能很糟糕甚至濒临崩溃(比如金融危机期间),信用创造的波动也将影响产出、就业、投资等实体经济变量,而且非货币金融资产之间并不能完全替代①。

信用观点指出,当中央银行实施一定的货币政策,比如通过公开市场操作收缩基础货币,企业和居民为购买央行卖出的证券,需要动用存款,这导致商业银行存款量(负债方)下降。而商业银行为保持资产负债表平衡,则要相应减少贷款或证券持有量(资产方)。由于信用观点认为证券和贷款之间不能完全替代,因此,商业银行在存款减少的情况下,一般会同时减少贷款和证券两种资产②。随着贷款减少,贷款利率

---

① 这方面早期的文献认为金融资产和实物资产之间并非完全可替代[比如Tobin(1970),Brunner和Meltzer (1972)]。在他们的模型中,引入了多种资产市场,并分析了资产市场之间的相互作用对货币政策传导的影响。近期的文献则重点研究了各种金融资产之间并不完全可替代。比如Bernanke和Blinder(1988)以传统的IS-LM模型为基础,而增加了一个假设,即除了货币、债券两种资产外,还有银行贷款这第三种资产,并且这第三种资产与前两种资产不能完全替代。Bernanke和Blinder同时指出,这种不可替代源于金融市场不完美,金融市场不完美又源于资金提供者和资金使用者之间的信息不对称。

② 如果商业银行持有的证券和贷款之间能够完全相互替代(即货币观点的假定前提成立),那么商业银行为应对货币政策紧缩引起的存款下降和准备金减少,就可以只减少证券和贷款中的一种,比如商业银行只减少证券持有量,而贷款量不变。在这种情况下,我们仅观察负债方的货币(存款)变化,就可以考察紧缩货币政策的影响,而不必跟踪资产方的贷款变化(因为贷款量不变)。

也会上升，而这些都会影响那些依赖贷款的企业和居民，致使其支出水平下降，进而使实体经济下行[①]。信用观点还认为，信息不充分会降低金融体系效率，引发企业外部融资利差[②]，增加企业融资成本。当央行实施一定的货币政策，比如加息，这通常会提高外部融资利差（因为外部融资利差与基准利率同方向变动），于是企业融资成本上升，借贷减少，支出萎缩，最终总产出水平下降[③]。

信用观点有两个前提条件。一是货币政策能够影响银行贷款数量，二是银行贷款数量会影响企业和居民的支出水平。由于信用观点假定非货币金融资产之间不能完全替代，商业银行为应对货币紧缩，不仅要减少证券持有量，而且要降低贷款量。因此，货币政策能够影响银行贷款。而当银行贷款下降时，企业不能通过其他渠道来完全弥补资金缺口，因此，贷款下降也会降低企业和居民支出水平。

信用观点获得了一些实证研究的支持。比如Bernanke和Blinder（1992）的研究表明，货币政策收紧将导致信贷减少，进而使支出下降。Gertler和Gilchrist (1994)研究发现，小企业贷款数量在货币紧缩之后急剧下降，并在随后的两年内销售和存货投资增长下滑。Nakamura和Lang (1992)指出，商业银行在货币紧缩时，削减小微企业的贷款要甚于大中型企业[④]。Friedman和Kuttner (1992)，以及Stock和Watson (1989)均认为，票据—国债利差在货币政策紧缩时将增大[⑤]。

（四）传统信用观点的发展

传统的信用观点强调，货币政策通过影响商业银行的资产负债表来影响贷款数量，最终使总支出发生变动。20世纪七八十年代以后，信用观点获得了进一步的发

---

① 由于大企业资金来源渠道相对较多，获得资金难度相对较小，因此信用观点认为，紧缩的货币政策对大企业资金和投资状况的影响程度要小于对小企业的影响。

② 外部融资利差是指企业外部融资（比如通过贷款、发行股票或债券等方式融资）的成本，与内部融资（如通过留存收益来融资）成本之差。外部融资利差的产生，与资金供给方和需求方之间的信息不对称有关。

③ Bernanke和Blinder(1992)也描述了信用观点的货币政策传导过程：美联储提高法定准备金率，银行贷款下降，那些依赖银行贷款的企业和消费者支出下降，总需求下降。

④ 货币紧缩对大、小企业的影响程度存在差异，这支持了信用观点。因为根据货币观点，货币紧缩主要通过投资成本（即利率）的变动影响企业行为，因此货币紧缩对大、小企业的影响应该差别不大。

⑤ 信用观点表明，当货币紧缩导致信贷供给减少时，资金需求方只能通过其他市场（比如票据市场）来获得资金。由于票据市场的流动性通常并不充足，因此，需求增加就容易引起票据市场利率上升，进而导致票据—国债利差增大。

展。根据这些新理论,货币政策还可通过影响企业、居民和其他金融机构的资产负债表,来使银行贷款发生变动并最终影响总支出。一是消费者资产负债渠道。莫迪利亚尼指出,影响消费的因素不仅有人们当前的收入,还应包括未来收入,以及债券、股票、不动产等财富。货币政策通过利率变动,可以影响股票、债券和住房价格,使得以股票、债券和住房为代表的个人财富发生变化,进而影响居民借款和消费行为,最终影响总支出水平。二是企业资产负债渠道。假定货币供应量增加,这可以引起利率下降和股票价格上升,进而使企业资产净值增加。与此同时,货币扩张引起物价上涨,企业债务缩水,也导致企业资产净值增加。较高的资产净值意味着企业拥有更多的抵押物,银行也更愿意贷款。而较高的净值也提高了企业的违约成本,降低了企业的道德风险①,银行贷款意愿增强,企业借款和投资增加,总支出上升。三是金融机构资产负债渠道。货币扩张可以引起股票、不动产等资产价格上升,使得银行等金融机构贷款损失减少、资本增加。更充足的资本允许银行等金融机构发放更多的贷款,进而总支出上升。

除了资产负债表渠道,货币政策还可以通过资产流动性渠道影响银行贷款并最终影响总支出。以货币扩张为例,货币、债券、股票,以及耐用消费品、房屋、土地等资产的流动性,通常会不同程度地提高。企业和居民在资产流动性较高时,发生财务困难的可能性较小,对未来信心较强,更有可能借入资金,以扩大投资或增加消费,从而推动总支出水平上升。

信用观点的进一步发展还表明,货币政策除影响银行贷款外,还可以引起债券融资、股票融资等其他资产方的变动,进而影响总支出水平。比如托宾就指出,当货币政策扩张时,利率下降,股票价格上升,企业的股票市值增加(对于上市公司而言)。当企业股票市值超过资本重置成本(即企业重新购置机器设备、厂房等需要付出的费用)时,企业发行新股票就有利可图,于是企业股票融资额增加,投资扩大,总支出水平上升②。这就是著名的托宾Q理论。

---

① 比如降低了企业用银行贷款去开发高风险项目的可能性。

② 托宾定义Q为:Q=企业的市场价值/资本重置成本。其中,企业的市场价值指该企业的股票市值,资本的重置成本指该企业重新购置机器设备、厂房等需要付出的费用。如果Q值上升并大于1,则表明与重新购置机器设备、厂房等需要付出的成本相比,企业发行新股票就可以获益。这种情况下,企业的投资水平将会上升。反之,当Q值下降并小于1,企业则不愿意发行新股票融资,投资水平会相应下降。货币政策可以通过利率变动,使股票价格发生改变,以影响投资决策,进而影响总产出水平。

七、社会融资规模与我国货币政策传导

(一)应从负债方和资产方同时考察货币政策的传导

一是理论和实践都表明,应同时关注资产方和负债方。根据前述货币政策传导机制理论和实证分析,货币渠道和信用渠道在货币政策传导中都不同程度地发挥着作用。从我国的实际情况看,由于货币乘数和货币流通速度波动幅度较大①,因此,货币供应量只在一定程度上有效影响实体经济,货币观点也只能部分地解释货币政策传导机制。在货币渠道起作用的同时,我国也具备信用观点的前提条件。首先,在我国收紧货币时,企业获得银行贷款的难度会增加,通过发行债券和股票融资也会更困难。因此在我国,银行贷款、债券股票融资的变化能够影响企业的投资水平。其次,人民银行可以通过各种货币政策工具来影响商业银行贷款数量,也可以通过利率变动来改变债券和股票融资额,货币政策能够影响贷款等资产方的变动。因此,我们在关注负债方货币供应量的同时,也要从资产方,对包括贷款等在内的社会融资规模进行统计和监测分析。

二是负债方的货币统计和资产方的贷款统计出现背离。近年来,我国货币供应量增速与国内贷款增长经常出现背离,且差距趋于扩大。这表明仅从负债方的货币或资产方的贷款来评估货币政策传导效果将有失偏颇。货币供应量与人民币贷款差异逐渐扩大,与外汇占款快速增长等有关。

三是不少实证研究证明,我国货币政策存在货币和贷款二元传导机制。比如,盛松成、吴培新(2008)运用VAR模型对我国1998年1月至2006年6月的经济金融月度数据进行了分析,发现广义货币供应量M_2是货币政策的重要指标,M_2对工业增加值和CPI作出系统性反应;同时,银行贷款也是货币政策的传导渠道,信贷规模是事实上的中介目标。蒋瑛琨、刘艳武、赵振全(2005)对1992—2004年货币政策传导机制的实证分析显示,20世纪90年代以后,贷款和货币供应量均对物价和产出有显著影响。这表明信用渠道是我国货币政策传导的方式之一。

---

① 在2001—2010年十年间,我国的货币乘数和货币流通速度最大波动幅度分别达到0.37和0.38,而美国的货币乘数在1960—2000年的四十年间变动幅度仅为1。

(二)资产方的统计范围应扩大到包括股票、债券融资等在内的整个社会融资规模

近年来的理论和实践经验表明,有必要从更广泛的资产方统计社会融资规模。

一是信用观点的进一步发展。如前文所述,货币政策从资产方进行传导,除了改变贷款数量,还可以通过影响债券、股票和不动产价格,改变企业和居民的债券、股票等融资行为,进而影响需求和总产出水平。因此,资产方的统计,既要包括银行贷款,还应包括债券、股票融资等。

二是货币供给理论中的"新观点"。所谓"新观点"(the New View)是指西方国家20世纪50年代后出现的不同于传统货币供给分析的理论观点,比如英国《拉德克利夫报告》提出的"整体流动性"理论。该理论认为,对经济真正有影响的不仅是传统意义上的货币供给,而且是包括这一货币供给在内的整个社会的流动性;决定货币供给的不仅是商业银行,而且包括商业银行和非银行金融机构在内的整个金融系统[①];货币当局所应控制的也不仅仅是这一货币供给,而且是整个社会的流动性。格利和肖指出,金融中介机构不仅包括商业银行,还应包括各种非银行金融机构;商业银行和其他金融机构在信用创造过程中的作用类似,货币和其他金融资产之间具有一定的替代性;货币当局不仅应该控制货币和商业银行,还应高度关注非银行金融机构和非货币金融资产[②]。

三是国际金融危机后的理论总结。Thomas M. Hoeing(2008)认为,存款性公司资产负债表并不能完全反映信用创造的过程,信用过程更多发生在银行体系之外,即在一个更为广阔的全球金融市场中。英国金融服务局(UK FSA)在2009年指出,不仅传统的商业银行可以实现资产负债的期限转化,"影子银行"等也具有这一功能,比如结构投资工具(SIVs)、管道工具(Conduits)、投资银行和共同基金,就承担了大量传

---

① 20世纪50年代中期,英国"货币系统运行研究委员会"对英国货币和信用系统的运行情况进行了广泛深入的调研,形成了《拉德克利夫报告》。该报告指出,大量的非银行金融机构是流动性的重要来源,它们大大增加了整个社会的可贷资金供给,因此流动性"不仅包括银行的存款负债,而且包括范围广泛的其他金融中介机构的短期负债"。

② 格利(John G. Gurley)和肖(Eduard S. Shaw)将金融中介分为货币系统和非货币中介机构,即银行和非银行金融中介机构。这些非银行金融中介机构包括贴现公司、保险公司、退休金基金会、邮政储金局、建房贷款公司、投资信托公司等等。他们认为,银行和非银行金融机构在信用创造方面的区别,并不在于一方创造了而另一方没创造,而在于双方各自创造了独特形式的债务。也就是说,两者都创造着某种形式的债权凭证,都发挥着信用创造的作用,因而没有本质区别。非银行金融机构创造的金融债权凭证与货币之间具有此消彼长的替代性。

统商业银行的期限转化职能。巴塞尔银行监管委员会在2010年提出了广义信用的概念①,认为信用总量不仅包括国内外银行以及非银行金融机构发放的贷款,也包括为家庭和其他非金融私人部门融资而发行的债务性证券。

(三)统计社会融资规模的目的,不是为了取代货币供应量,而是与货币供应量相互补充

有一种误解,以为社会融资规模要取代货币供应量,作为唯一的货币政策中间目标。需要指出的是,货币观点依然是西方货币政策传导机制理论的主流,信用观点仍居于从属地位,即使Bernanke这样的信用观点支持者,也承认货币变量对经济的解释力一般强于信贷变量。从我国情况看,尽管人民币贷款占比下降,但依然是社会融资规模最重要的组成部分。与货币供应量和人民币贷款相比,社会融资规模的主要不同之处在于:一是社会融资规模从金融机构资产方进行统计,而货币供应量从负债方进行统计;二是社会融资规模统计的是整个金融机构,而货币供应量仅从存款性金融机构进行统计;三是社会融资规模涵盖的资产方范围更广,除金融机构的贷款,还包括金融机构的表外信用及金融市场的债券、股票融资等,因而它能够更全面地从信用角度和金融机构资产方反映货币政策的传导,因此可以将社会融资规模作为货币供应量指标的有益补充。社会融资规模与货币供应量统计相互补充,互相弥补,从两个方面共同反映货币政策的实施效果。

参考文献

[1] 戴根有.中国货币政策传导机制研究[M].北京:经济科学出版社,2011.

[2] 国际货币基金组织.货币与金融统计手册[M].Washington:International Monetary Fund Publication Services,2011.

[3] 蒋瑛琨,刘艳武,赵振全.货币渠道与信贷渠道传导机制有效性的实证分析——兼论货币政策中介目标的选择[J].金融研究,2005(5).

[4] 金琦.中国货币政策传导机制[M].北京:中国金融出版社,2004.

[5] 劳埃德·B. 托马斯.货币、银行与金融市场[M].北京:机械工业出版社,1999.

① 广义信用指对家庭和其他非金融私人实体提供的所有信用,而无论这些信用以何种形式提供,或由谁来提供。

[6] 李安勇,白钦先.货币政策传导的信贷渠道研究[M].北京:中国金融出版社,2006.

[7] 陆前进,卢庆杰.中国货币政策传导机制研究[M].上海:立信会计出版社,2006.

[8] 罗晟.社会融资规模将遵循市场化调控[J].财经,2011(8).

[9] 盛松成.现代货币供给理论与实践[M].北京:中国金融出版社,1993.

[10] 盛松成,吴培新.中国货币政策的二元传导机制——“两中介目标,两调控对象”模式研究[J].经济研究,2008(10).

[11] 盛松成.货币如何影响经济[J].中国金融,2010(12).

[12] 盛松成.社会融资总量的内涵及实践意义[N].金融时报,2011-02-18.

[13] 盛松成.社会融资规模是符合金融宏观调控市场化方向的中间目标[N].金融时报,2011-03-08.

[14] 盛松成.社会融资规模概念的理论基础与国际经验[J].中国金融,2011(8).

[15] 盛松成.坚持科学发展,不断完善金融调查统计体系.北京:中国人民银行,2011.http://www.pbc.gov.cn/publish/goutongjiaoliu/524/2011/20110313.text.

[16] 温家宝.政府工作报告——2011年3月5日在第十一届全国人民代表大会第四次会议上[M].北京:人民出版社,2011.

[17] 殷剑峰.反思宏观金融政策的重构——评央行社会融资总量[C].中国社会科学院金融研究所金融论坛,2011(15).

[18] 约瑟夫·斯蒂格利茨,布鲁斯·格林沃尔德.通向货币经济学的新范式[M].北京:中信出版社,2005.

[19] 詹姆斯·托宾,斯蒂芬·S.戈卢布.货币、信贷与资本[M].大连:东北财经大学出版社,2000.

[20] 张嘉为,赵琳,郑桂环.基于DSGE模型的社会融资规模与货币政策传导研究[J].金融与财务,2012(1).

[21] 张曼,罗晟.货币政策谋变[J].财经,2011(8).

[22] 张伟.正确定位社会融资规模[J].当代金融家,2011(5).

[23] 周骏,张中华,郭茂佳.2002年中国金融与投资发展报告:货币政策与资本市场[M].北京:中国金融出版社,2002.

[24] Benjamin M. Friedman and Kenneth N. Kuttner.Money, Income, Prices, and Interest Rates [M].1992:472-492.

[25] Ben S. Bernanke and Alan S. Blinder.The Federal Funds Rate and the Channels of Monetary Transmission[J]. American Economic Review, 1992(9):901-921.

[26] Ben S. Bernanke.Credit in the Macroeconomy[J].FRBNY Quarterly Review, 1993 Spring:50-75.

[27] Berger, Allen N., and Gregory F. Udell.Some Evidences on the Empirical Significance of Credit Rationing[J].Journal of Political Economy, 1992(10):1047-1076.

[28] Brunner, K. and A.H. Meltzer.Money, Debt and Economic Activity: An Alternative Approach[J].

Journal of Political Economy ,1972(80):951−977.

[29] Cecchetti, G. Stephen.Distinguishing Theories of the Monetary Transmission Mechanism[C]. Paper Presented at Federal Reserve Bank of St. Louis Economic Policy Conference, 1994(10):20−21.

[30] Christina D. Romer and David H. Romer.New Evidence on the Monetary Transmission Mechanism [J].Brookings Papers on Economic Activity, 1990(1): 149−213.

[31] Eugene F. Fama.Banking in the Theory of Finance[J].Journal of Monetary Economics,1980(6): 39−57.

[32] Franco Modigliani and Merton H. Miller.The Cost of Capital, Corporation Finance and the Theory of Investment [J]. American Economic Review, 1958(48): 261−297.

[33] George A. Akerlof.The Market for Lemons: Quality Uncertainly and the Market Mechanism[J]. Quarterly Journal Economics ,1970(84): 488−500.

[34] Gertler, Mark, and Simon Gilchrist.The Role of Credit Market Imperfections in the Monetary Transmission Mechanism: Arguments and Evidence [J]. Scandinavian Journal of Economics, 1993(95): 43−64.

[35] Gertler Mark and Simon Gilchrist.Monetary Policy, Business Cycles, and the Behavior of Small Manufacturing Firms[J]. Quarterly Journal of Economics, 1994(5): 309−340.

[36]Hubbard, R. Glenn.Is There a Credit Channel for Monetary Policy?[C]. Paper Presented at Federal Reserve Bank of St. Louis Economic Policy Conference, 1994(10): 20−21.

[37] James Tobin.Money and Income: Post Hoc Ergo Propter Hoc?[J]. The Quarterly Journal of Economics, 1970(84):301−317.

[38] John G. Gurley and Edward S. Shaw.Money in a Theory of Finance[R]. Brookings Institution, 1966:371.

[39] Joseph E. Stiglitz and Andrew Weiss.Credit Rationing in Markets with Imperfect Information[J]. American Economic Review, 1981(6):393−410.

[40] Morgan and P. Donald.Bank Loan Commitments and the Lending View of Monetary Policy[D]. Federal Reserve Bank of Kansas City Research Working Paper, 1992(12): 90−92.

[41] Oliner, D. Stephen and D. Glenn Rudebusch.Is There a Bank Lending Channel for Monetary Policy? [J]. Federal Reserve Bank of San Francisco Economic Review ,1995(2):3−20.

[42] Ramey and Valerie.How Important Is the Credit Channel in Monetary Policy?[J]. Carnegie−Rochester Conference Series on Public Policy, 1993(12):1−45.

[43] Romer, D.Christina and David H. Romer.New Evidence on the Monetary Transmission Mechanism [J].Brookings Papers on Economic Activity, 1990(1): 149−213.

[44] Thomas M. Hoeing.Maintaining Stability in a Changing Financial System: Some Lessons Relearned

Again?[J].New Finance,2008(1).

[45] Valerie Ramey.How Important Is the Credit Channel in Monetary Policy?[C]. Carnegie-Rochester Conference Series on Public Policy, 1993(39): 1-45.

AFRE and Monetary Policy Transmission

SHENG Songcheng

(the Dept. of Statistics & Analysis, the People's Bank of China)

Abstract: A new concept was introduced into macro-economic management in China from 2011, which is Aggregate Financing to the Real Economy (AFRE). It was covered in the Report on the Work of the Government and at the Central Economic Work Conference for three times, that the aggregate financing to the real economy should be kept at a reasonable scale.AFRE describes the total financing from the financial system to the real economy during a certain period. It is an aggregated indicator comprehensively depicting the financial support from the financial sector to the real economy, as well as the interaction between the financial sector and the real economy. AFRE collects information from the asset side of financial institutions' balance sheet, and this is different from money supply, which is a traditional indicator with information from the liability side. Theoretical support for AFRE comes from the credit view of monetary policy transmission mechanism. The introduction of AFRE is deeply rooted in developments in Chinese economic and financial environment, including the ongoing innovations in financial markets and products, rapid expansion in direct financing, the enhanced role played by non-bank financial institutions and the increase in off-balance-sheet items in commercial banks. Empirical study using Chinese data also indicates that monetary policy can affect and manage AFRE effectively, and AFRE, in turn, can influence real economic indicators, such as economic growth, price level, as well as investment and consumption. AFRE is a useful indicator revealing the interaction between the financial sector and the real economy, and it helps to strengthen the link between both sides.

Key Words: AFRE, Monetary Policy Transmission, Monetary View, Credit View

从完善金融安全网的角度看中国存款保险制度设计*

◎ 魏加宁

摘要：当前我国在建立存款保险制度的必要性上已基本达成共识，但在存款保险制度的设计上仍然存在一些分歧。本文参考国际经验并结合我国国情，从完善金融安全网的角度，对存款保险制度设计的一些重大问题进行了深入探讨。在目前国情下，相对于隶属于监管部门或者中央银行而言，独立设置存款保险机构可能是一种更优的制度安排；存款保险机构拥有适当的监管权是其有效发挥作用的必要保障，也是风险最小化型存款保险制度的内在要求，金融安全网三大支柱之间制度化和规范化的监管权配置并不会导致重复监管和降低监管效率；存款保险制度建立后，金融安全网三大支柱的协调配合需要制度化的、强有力的协调机制作为制度保障，也需要尽快构建完整的风险处置流程和危机应对机制，明确三大支柱出手的时机和条件。

关键词：存款保险 金融安全网 金融监管 存款人保护

自1993年《国务院关于金融体制改革的决定》（国发〔1993〕91号）正式提出在我国建立存款保险制度以来，经过二十年来的不断研究，人们对于存款保险的认识在逐渐加深。尤其是2007年国际金融危机爆发之后，各国存款保险制度在防范金融危机

作者魏加宁系国务院发展研究中心宏观经济部副部长。课题组成员还包括孙彬、朱太辉、段希文、振佳、高培亮、赵伟欣。

*本文为中国金融四十人论坛（CF40）内部课题“存款保险制度与金融安全网”（魏加宁负责）中期报告的部分成果，课题报告得到CF40立项资助并组织专家评审。

传染与深化方面所起的关键作用再一次加深了人们对其必要性的认识，随之，我国存款保险制度的筹备工作也进入了一个新的阶段。可以说，在建立存款保险制度的必要性问题上，目前有关各方似乎已经基本达成共识，但是在有关存款保险制度的设计方面，仍然存在一定的分歧。为此，作为CF40委托课题，我们着重分析了在我国建立存款保险制度的必要性和紧迫性；参考国际经验并结合我国国情，从完善金融安全网的角度，对其中的一些重大问题进行了深入探讨。

一、关于建立存款保险制度的必要性

银行在吸收存款并发放贷款的过程中，发挥了期限转换、流动性转换和风险转换的功能。其中，存款作为银行业务开展的资金源泉，在银行资产负债表中占有举足轻重的地位。相对于其他金融中介机构，银行具有较大的内在脆弱性，容易遭受存款人挤兑及风险传染。为此，存款保险制度应运而生，相关研究也对这一制度的必要性提供了理论根据。

（一）银行的脆弱性

银行主要从事的业务是从居民手中接受存款，然后再将所筹到的资金贷给企业进行生产或流通，并从中获取利润。它与一般的工商企业有着显著不同的特点：一是从自有资本比率的角度来看，银行的自有资本比率通常比普通企业要低，因此一旦失去信用，就会迅速陷入资金周转困难。二是从债权人的角度来看，银行的债权人（主体是存款人）数目通常都十分庞大，这些债权人未必都了解银行的财务状况，其中大多数人实际上是冲着“银行”的名字才将钱存放到该银行的，因此，银行的名字本身就是一种信用。这也是银行为什么要实行准入限制的一个重要原因。三是从债务人的角度来看，银行债务人的数目往往也很大，并且对于多数债务人（企业）来说，银行是他们资金筹措的主要来源。因此，一旦银行出现“惜贷”行为就会对实体经济产生负面影响。四是从银行功能的角度来看，银行同业之间通过相互借贷形成了一个整个国家的甚至是国际性的支付网络，因此，一旦某一家银行出现破产倒闭就有可能波及到其他银行，甚至危及整个支付系统，导致整个支付系统瘫痪，从而给实体经济带来灾难。五是从破产处置的角度来看，万一银行破产倒闭，却很难像一般企业那样进行破产处置，因为一般企业的债权人和债务人的数目都要比银行少很多，而且业务也大都是建立在实物基础上的，重组起来相对比较容易；而银行的债权债务关系要远比工商企业复杂得多，破产处置时所面临的困难也要大得多。

银行的上述特性决定了银行本身具有内在的脆弱性。一方面，银行的资产以贷款为主，因而流动性相对较差，即使遇到资金流转困难也很难将贷出去的资金立刻变现；另一方面，银行的负债通常以存款为主，而银行"先到者，先服务"的程序特性，决定了银行天生具有发生挤兑的可能性。当存款人出于某种原因预料别人都会去兑现时，为了防止自己的存款遭受损失，通常也会到银行去排队兑现存单。但由于银行的库存现金在正常的时候通常都十分有限，只能应付日常的提现；而贷款回收或打折出售又会遭受很大损失，因此银行就会面临流动性困境，如果救助不及时就会破产倒闭。

(二)挤兑的传染性

银行挤兑一旦发生，往往还具有很强的传染性。即使是经营状况良好的银行，也有可能因为其他银行的挤兑而连带发生挤兑。一方面，由于银行业务的同质性比较强，当一家银行发生挤兑时，广大存款人就很容易产生联想——其他同类银行会不会也有问题？从而导致对其他银行的挤兑。另一方面，由于银行具有"提供支付体系"的功能，一旦少数银行出现挤兑，小范围的流动性困境或破产倒闭有可能通过银行之间的直接业务联系而传染至整个银行体系，从而酿成银行业的系统性危机。同时，银行业的系统性危机还会造成信用的急剧收缩，进而对实体经济造成严重伤害。所以说，银行挤兑的传染性具有很大的负外部性。为了避免出现银行挤兑现象，以及由此引发的系统性银行危机，就需要对银行债权人，主要是普通的中小存款人进行适当的保护，以降低存款人挤兑银行的风险，并防止银行挤兑风险传染至整个银行体系。

从理论上讲，存款保险制度的重要性主要包括两个方面：一方面，存款保险作为一种应对投机性挤兑的制度，当投机性银行挤兑发生时，由于存款保险制度的存在，那些会提前取出存款的存款人已经没有必要提前取出存款了，即使存款保险机制没有开始运作，也能够有效地向存款人提供一种信心上的保证(Diamond 和 Dybvig，1983)。另一方面，存款保险通过担保所有受保人的存款，实质上是将"序列取款原则"转变为了"协商原则"，因而不仅达到了消除挤兑危机的目的，而且保证了银行存款对流动性保险的最优配置(Diamond 和 Rajan，2001、2005)。通过改变存款合约的信息结构，存款人之间的博弈会出现几种完全不同的均衡结果。

（三）保护存款人不等于保护银行

如上所述，保护存款人对于银行来说至关重要。但是，许多国家在建立存款保险制度之前，大都是通过直接保护银行来间接达到保护存款人的目的。实践证明，这种办法容易导致对银行的过度保护，带来很大的道德风险，反而会促使银行的经营者们更加富于冒险精神，更容易置银行于危险境地。

逐渐地，这些国家的金融当局认识到了保护存款人并不等于一定要保护银行（日本存款保险机构，1982），并且在很多情况下，保护银行实际上往往是以牺牲存款人利益为代价的。于是，这些国家相继开始建立存款保险制度，以达到直接保护存款人的目的。

一方面，存款保险制度通过明确银行经营失败时对存款人的风险补偿和分担机制，改变了以往银行破产成本由公共资金兜底的做法，避免了无辜的纳税人或货币持有者为银行经营失败"埋单"；另一方面，通过合理的限额赔付来保证广大中小存款人的利益，并给予存款人在银行破产处置中的优先受偿地位，从而提高了对存款人的保护程度。

二、关于中国建立显性存款保险制度的紧迫性

存款保险有隐性和显性之分，又有全额和限额之分。隐性全额存款保险是指，国家虽无明文规定，但是，当银行破产时，中央政府以国家信用和财政收入为代价，对存款人的全部存款予以事实上的全额保护。显性限额存款保险是指，国家通过事前明确的制度安排，在银行经营失败时，对受保存款给予限额以内的及时赔付，并通过破产处置和资产清算回收破产银行的剩余资产，实现对存款人的优先受偿。

众所周知，中国自计划经济以来一直实行的是隐性全额存款保险。这种制度安排存在诸多问题：一是缺乏明确的法律依据，存款人并不能确信当银行破产时其存款一定能够得到可靠保障，因此事实上潜藏着挤兑的风险；二是由于事实上政府每每在银行破产时出面兜底，又导致了银行的经营者们存在着很大的道德风险，敢于冒险经营，出了问题就交给政府去处置；三是银行缺乏正常的退出机制，破产处置很不规范，处置成本很高并且带有很强的随机性；四是银行破产造成的高额损失通常都要由所

有纳税人或所有货币持有者来负担,结果造成严重的社会不公。总之,隐性存款保险既具有没有存款保险条件下的挤兑风险,又拥有存款保险制度设计不当所产生的道德风险,因此是一种最坏的制度安排。

自20世纪90年代初期开始,中国就不断提出要建立存款保险制度的设想,但时至今日一直未能建立起来。其主要原因来自两方面:一方面,来自国有大银行的反对,他们自认为有国家信用做后盾,因此无需再掏一笔保险费;另一方面,来自监管部门的阻碍,他们主要担心如果新设的存款保险机构拥有一定的监管权的话,就有可能削弱自身的权力。

然而,随着国有银行股份制改造的完成并成功上市,至少从理论上讲,国家不再对国有银行承担无限责任。尤其是国际金融危机以来,"大而不倒"的"铁律"也开始受到广泛质疑。至于监管方面的担心,后面的分析将表明,即使存款保险机构拥有一定的"监管权",也不会对监管部门构成威胁。

需要强调的是,建立显性存款保险制度除了防范银行挤兑和保护存款人利益之外,还具有其他方面的重要作用。

首先,建立存款保险制度有利于促进银行业中小金融机构的发展。目前,中小企业融资难有多种因素,但中小金融机构数量不足、基层金融服务缺乏竞争是重要因素之一。因此,当务之急是要放宽市场准入限制,鼓励民间资本积极参与商业银行的并购重组和发起设立民营银行。然而如果缺乏对存款人的有效保护、对银行风险的及时处置和破产银行的市场退出等机制,就有可能形成风险隐患。如果建立了存款保险制度,就可以在出现银行经营失败和银行监管失败的情况下,通过市场化的风险处置,及时有效地解决破产银行的退出问题,从而维护市场纪律,为中小银行的生存和发展营造公平的竞争环境,从而有助于形成更加合理的银行结构和布局,丰富对基层群众的银行服务和增加银行对中小企业的贷款供给。

其次,存款保险制度是利率市场化改革的重要配套措施,它的建立将有助于利率市场化改革取得成功。毫无疑问,利率市场化改革将加剧银行之间的竞争,中小银行因经营不善而破产倒闭的案例有可能因此而增加。而存款保险制度的建立,一方面,可以构建有序的风险处置机制,维护金融市场的稳定;另一方面,出于自身财务可持续的需要,存款保险机构也具有内在动力通过差别费率机制强化正向激励和市场约束,强化对银行经营行为的监督,对不当经营给予早期纠正。因而会推动银行逐步实现财务硬约束,培育更多具备公平竞争能力的市场主体,降低利率市场改革可能带来的市场风险,解除利率市场化改革的后顾之忧。

再次,建立存款保险制度可以减少监管部门或中央银行对商业银行的干预,提高银行的经营自主性。在目前的隐性存款保险条件下,由于中央政府或中央银行要对全国性商业银行的经营失败承担兜底责任,而地方政府也要对地方性商业银行的经营失败承担兜底责任,因此,“防范金融风险”往往成了各级政府和中央银行对商业银行进行各种干预的合理借口,这一方面使得商业银行经营者苦不堪言,另一方面也给商业银行经营者提供了推脱责任的理由。如果建立了存款保险制度,无论是各级政府还是中央银行,都失去了对银行经营行为进行干预的借口,因而有助于商业银行的自主经营,也更加明确了商业银行经营失败的责任归属。

最后,建立存款保险制度有助于金融的长期稳定,有助于国家的长治久安。虽然从短期看,在从隐性全额保险向显性限额保险的转换过程中,有可能引起一定程度的存款搬家风险,但是,根据各国经验,这种风险完全可以通过提高限额水平,加强公众宣传和制定危机预案来加以解决。但是,如果我们出于对眼前风险的过分担忧而把潜在风险不断后移,将会使风险不断积聚,最终会酿成更大风险,甚至会危及政权稳定。因此,尽快建立存款保险制度,把大的系统性风险分解成小的、个别机构的风险,并逐步加以释放和化解,将会有助于中国银行体系的长期稳定。既然这个槛我们早晚都要迈,并且晚迈不如早迈,那么我们就应当争取尽早迈过这道槛,以求银行体系的长期稳定和国家的长治久安。

三、关于中国的存款保险机构应当如何设置的问题

在防范银行挤兑、危机传染和保护存款人利益方面,存款保险制度的重要性已经得到大多数专家学者和政府官员的认可。但是应当承认,如果制度设计不当,存款保险反而有可能会带来道德风险和逆向选择问题,有可能会激励银行去承担更多的风险从而增大银行倒闭的风险。一个设计良好的存款保险制度能够在这两者之间进行权衡,以达到满足政策制定者所希望达到的目标(Demirgüç-Kunt等,2005、2008)。

在中国,建立存款保险制度必然要面临一个由谁来负责实施的问题。目前,围绕存款保险机构的设置,学术界主要存在着三种不同意见:有的主张隶属于中国银监会,有的主张隶属于中国人民银行,还有人主张设置独立机构。下面,我们就这三种

观点逐一进行梳理。

（一）主张存款保险机构隶属于银监会的观点

一种观点主张将存款保险机构放在银监会下面，成为银监会的一个部门或直属机构，由银监会负责其运行和管理。持这种观点的理由主要有以下方面。

一是两家机构的功能既有重叠又有互补，放在同一个部门便于工作的协调（夏斌和范建军，2005；范建军，2012）。这样的结构安排既体现了银行业监管机构在银行业监管方面总牵头和总负责的原则，又便于协调存款保险机构和监管机构的关系（阎庆民，2003）。

二是两个机构合二为一可以最大限度地实现信息和资源的共享。这不但可以节省监管成本，便于监管部门核查信息真实性，更准确、及时地发现问题，而且存款保险机构也不会与监管部门产生不必要的重复（夏斌和范建军，2005；范建军，2012）。

三是存款保险机构隶属于银监会可以增加银监会的监管措施，降低监管资源不足的问题。目前银监会开展监管活动所采用的是比较单一的行政或法律管制手段，如果将存款保险机构设在银监会下，可增加一条比较有效的"经济"监管措施[①]。银监会根据各银行的风险暴露情况实行差别化的保险费率和保险金返还制度，会促使各银行自觉降低风险（夏斌和范建军，2005；范建军，2012）。此外，县域及县域以下的银行监管资源不足的问题比较突出。如果将存款保险机构隶属于银监会，可以改善银行监管资源不足的问题。

四是存款保险机构如果隶属于银监会，并由银监会负责管理，则有助于对银行实施从市场准入、日常监管到问题处置、市场退出等的全过程监管。

五是银监会潜在具有管理存款保险机构的职责，也得到了证券业和保险业相关实践的支持。《银行业监督管理法》赋予了银行业监管机构保护存款人权益的职责；同时，我国证券投资者保护基金、保险保障基金也都分别由证监会和保监会管理。因

① 例如，存款保险机构通过保险限额设置，对小额存款人实施全额或者高水平保护，而对大额存款人实行低水平保护，将未投存款人和债权人排除在存款保险之外，可促使后两者从自身利益出发监督银行的经营状况和投资行为，增强市场约束和市场纪律。因此，存款保险制度可以解决金融监管机构处理问题金融机构的两大障碍：一是将损失强加于小额存款人；二是处置问题金融机构可能面临政治压力（颜海波和陈虎城，2005）。

此,存款保险机构也应当隶属于银监会,并由银监会进行管理。

(二)主张存款保险机构隶属于中央银行的观点

另一种观点则主张将存款保险机构放在中央银行下面,甚至只成立基金,不设独立机构。持这种观点的理由主要来自以下方面。

一是存款保险机构设在中央银行下面,便于起步和日后运作。在我国显性存款保险制度缺失期间,风险处置与金融机构救助的职能一直是由中央银行承担的。中央银行的再贷款(类似于最后贷款人)具有隐性存款保险职能,其发放的大量"金融稳定类"再贷款(包括利用外汇储备为国有银行注资、为四大资产公司提供的再贷款等)已积累不少风险处置经验。因此,存款保险机构依托中央银行现有的机构和人员,起步比较容易,容易步入正轨。

二是存款保险与最后贷款人可以更加有效地相互配合,从而提高存款保险的功效。存款保险的风险处置职能与中央银行的最后贷款人职能通常是危机期间稳定市场信心的两项主要措施。如果存款保险机构或基金能够隶属于中央银行,就可以更好地与最后贷款人措施相配合,能够更有效地防范和化解金融风险,从而提高存款保险制度的功能和效力。同时,存款保险基金的积累也需要一定的时间,因此,建立公众对存款保险制度的信心需要得到中央银行的信用支持。

三是在我国当前银行业主导的金融体系下,存款保险机构隶属于中央银行与中央银行防范系统性金融风险和维护金融稳定的职能是一致的。目前,我国银行业金融机构的资产总额约为130万亿元,在整个金融体系资产总额的占比超过了90%。银行业在我国金融体系中的系统重要性非常明显,是防范系统性金融风险和维护金融稳定的主要对象。因此,存款保险机构隶属于中央银行有助于防范系统性金融风险和维护金融市场的稳定。

四是存款保险制度隶属于中央银行有助于其专注于最后贷款人职能,更加独立地实施货币政策。一方面,存款保险隶属于中央银行,中央银行在履行最后贷款人职能时,可以避免不必要的金融救助和基础货币投放;另一方面,存款保险机构根据宏观经济运行状况调整存款保险费率,具有潜在调整银行货币创造的能力(颜海波,2005;颜海波和陈虎城,2005),可以协助中央银行更好地实现货币政策目标。此外,这种制度安排还可以促使存款保险机构更好地配合中央银行金融改革措施(如利率市场化改革等)的实施和推进。

五是可以帮助存款保险机构前瞻性地统一调整存款保险费率、保险限额、目标基金规模。首先，基于风险调整的存款保险费率需要根据宏观经济运行状况进行调整（颜海波，2005；颜海波和陈虎城，2005），中央银行可以依赖其对未来宏观经济走势和金融体系状况较强的判断能力，指导存款保险机构前瞻性地调整存款保险费率。其次，存款保险的限额水平与银行的资产状况、人们的收入水平及分配状态密切相关，需要根据通货膨胀、实际收入增长等因素进行调整，因此与中央银行的业务密切相关。最后，存款保险基金目标规模的设定也与宏观经济运行周期、实体经济发展水平密切相关。存款保险机构可以根据中央银行掌握的相关信息，提前补充存款保险基金，或者调整存款保险基金的投资策略，提高投资组合的流动性。

此外，中央银行还能够成为存款保险机构的最后援助人，通过中央银行的贷款、注资等政策措施来确保其充足的资金来源，提高存款保险机构在危机中的保障职能，因而有助于提高存款保险的信用度（郝珍珍，2011）。在风险处置期间，存款保险机构的存款人赔付与风险处置职能的有效实施均需要中央银行提供后援资金支持，必要时通过扩张资产负债表加以配合，以保证存款保险机构有融资渠道、及时化解风险和维持公众信心，因此，存款保险与中央银行的货币政策工具（如再贷款等）存在着天然联系。

（三）主张独立设置存款保险机构的观点

第三种观点主张，设立相对独立的存款保险机构，既不隶属于监管部门，也不隶属于中央银行。持这种观点的理由主要来自以下方面。

一是金融安全网三大支柱的目标、职能各不相同，存款保险机构无论是隶属于监管部门还是隶属于中央银行都会存在目标冲突。存款保险机构的直接目标是保护存款人，而监管部门和最后贷款人的主要目标是保护金融机构。这两个目标并不总是一致的，并且在很多时候保护金融机构往往是以牺牲存款人利益为前提的。国际货币基金组织（IMF）专家Garcia（1999）对大量存款保险实践的调查表明，“让存款保险机构作为中央银行的一个独立部门和中央银行作为监管者并存是一种危险……中央银行可能难以将货币政策的决策者、最后贷款人和存款保险业务的经营的三大职责分开。并且，这三大职能的目标可能会发生冲突。”还有学者认为，存款保险机构隶属于中央银行缺乏充分的理由，银监会的监管职能虽然可以促进存款保险机构更好地运营，但是二者之间也存在着冲突（潘艳红，2010）。此外，存款保险隶属于任何一家机构，其运行和管理会消耗这些机构的资源，从而不利于这些机构自身作用的发挥（王国刚，2007）[①]。

二是存款保险机构独立于银行监管部门可以避免出现“监管宽容”和存款保险被监管者“俘获”的现象。存款保险机构若隶属于银行监管部门或作为其“下属部门”，一方面，由于有了存款保险机构来最后兜底，银行监管部门就有可能会因此而放松监管，从而导致“监管宽容”；另一方面，存款保险机构往往也很容易被监管者“俘获”，成为监管部门掩盖监管失误的帮凶。当监管部门出现工作失误时，处于上位的监管部门自然会命令处于下位的存款保险机构，通过动用存款保险资金来掩盖其监管失误。因此，存款保险机构一旦被监管者所“俘获”，就会把主要精力放在保护金融机构上面，而不是保护存款人，从而使得存款保险机构保护存款人利益的根本目的难以得到实现。

三是存款保险机构独立于中央银行，有利于提高中央银行货币政策的独立性，同时可以促进存款保险机构更好地管理存款保险基金。对于问题金融机构，如果中央银行动用再贷款进行救助，必然会增加基础货币的投放，这与货币政策稳定币值的目标相矛盾。特别在发生大范围银行危机的情况下，再贷款规模较小达不到救助和控制危机的目的，而规模太大又会导致货币超发和潜在的通货膨胀压力（颜海波，2005；颜海波和陈虎城，2005）。建立独立的存款保险制度有利于将中央银行从这种“倒逼”机制中解脱出来，独立实施货币政策（黄文胜，2005；彭兴韵和包敏丹，2005）。但是，如果存款保险机构隶属于中央银行，中央银行就会将银行救助放在首要位置予以优先考虑，而不大关注问题银行究竟是属于“偿付能力不足”还是“流动性不足”，并在银行救助时违背“建设性模糊”的原则，导致随意救助。其结果将会使得“规则外发行”的货币超发更多，从而不利于提高货币政策的独立性和控制货币规模。相反，如果独立设置存款保险机构，相对于中央银行的再贷款，存款保险机构对问题金融机构的处置就会更加市场化、规范化和体现公正性，从而可以引导各利益主体形成良好预期，削弱金融机构的道德风险（颜海波，2005；颜海波和陈虎城，2005）。

---

① 例如，央行的主要工作是实施货币政策以保障币值稳定，存款保险机构隶属于中央银行不仅与央行的职能不协调，而且还会牵扯央行的许多精力，如制定与存款保险机构业务相关的一系列规章制度、存款保险的日常管理和监管等（王国刚，2007）。

(四)我们的观点:赞成独立设置存款保险机构

针对上述三种观点,我们拟从存款保险机构的资本金来源、金融安全网的运行机理以及存款保险制度的发展趋势等方面,对是否应当独立设置存款保险机构做进一步分析。

1. 独立设置存款保险机构有助于其多方筹集资金和提高运营效率

建立存款保险制度理应多方筹资,而不应仅仅依靠收取保费①。1971年日本存款保险机构成立时,其资本金分别由大藏省、中央银行和银行业协会各承担三分之一(如表1所示)。有鉴于此,我们认为,中国在建立存款保险制度时也应由三方共同出资,而不是由人民银行一家单独承担。首先,建立存款保险制度属于国家公共事业,因此理应由中央财政提供部分资金。其次,建立存款保险制度可以大大节省中央银行作为最后贷款人所提供的救助资金,因此理应由中央银行提供部分资金。最后,建立存款保险制度,可以为整个银行业提供安全保障,因此理应由银行业协会提供部分资金。

表1　　日本存款保险机构成立时的出资人机构

出资方	出资额(万日元)
大藏省	15 000
中央银行	15 000
银行业协会	15 000
合计	45 000

当然,目前中国的银行业协会拥有资金十分有限,因此不能提供足够的资金支持存款保险制度建设。然而,中国拥有独特的中央汇金公司,因此可以通过减持其所持国有银行股份来筹集资金,并投入到新建的存款保险机构用作资本金。这一筹资方案既可以解决存款保险制度建立时的启动资金问题,还可以为银行业建立一个公平的市场竞争环境,从而履行政府应尽的职责。一方面,国家从对国有银行的资金支持

① 建立存款保险制度,仅仅依靠向存款类金融机构收取保费,那么就会出现两难局面:如果保费费率过低,就需要花费很长时间来积累资金,因而不得不继续依靠中央银行来维持信用等级;但如果费率过高,又会加重存款类金融机构的财务负担,并最终将成本转嫁给工商企业,阻碍实体经济的发展。

转变成对存款保险机构的注资，有助于建立一个普惠所有银行的制度环境，让所有银行站在同一起跑线上，实现公平竞争；另一方面，还可以降低国有股份的占比，优化银行体系的资本结构和提高银行的竞争力。

在独立设置存款保险机构的模式下，多方共同出资有利于各方共同承担制度建设成本，分散财务风险。一方面可以防止中央银行因负担过重而超发货币，影响宏观经济的平稳运行；另一方面，也有助于在短期内迅速提高存款保险机构的权威性，稳定公众对银行体系的信心。

2. 独立设置存款保险机构有助于其金融安全网三大支柱之间的明确分工、各司其职，形成制衡机制

主张存款保险机构隶属于银行业监管机构或者中央银行的理由之一是所谓的“可以最大限度地实现信息和资源的共享”，但实践的结果可能恰好相反。例如，我国目前已经成立的与存款保险机构性质相同的证券投资者保护基金，就隶属于证券业监管部门。由于其处于下属地位，因此，要想从证券监管部门获取必要的信息实际上难之又难，所谓的“信息共享”实际上已经成为一纸空谈。

由此可见，只有将存款保险设置为独立机构，其与中央银行、银监会等机构之间才能够做到分工明确，各司其职，并形成某种制衡机制。而三者之间的相互协调，可以通过制定法规，明确各自的责任的方法来解决（李喜梅和郭颂平，2008）。此外，只有在独立设置存款保险机构的情况下，金融安全网三大支柱之间的明确分工和有效协调将有助于完善金融宏观审慎管理框架（孔令学，2011）。

3. 独立设置存款保险机构符合存款保险制度的发展趋势

世界各国的存款保险制度建设经验和改革历程表明，存款保险机构的独立设置已成为一种发展趋势（颜海波和刘勤，2007）。如表2所示，据不完全统计，2000年，存款保险机构隶属于中央银行的国家（地区）较多，占比为33%，独立设置的为23%；而到2011年，独立设置的存款保险机构的国家（地区）大幅增加，其占比大幅增加到了64.56%，隶属于中央银行和金融监管当局的国家（地区）分别为16.46%和5.06%。并且在G20中，目前已有16个国家建立了存款保险制度。其中，有11个国家的存款保险机构为独立设置，只有1个国家的存款保险机构隶属于中央银行（印度），另有1个国家的存款保险机构隶属于银行监管机构（澳大利亚），还有3个国家存款保险机构隶属于银行业协会（德国、法国和巴西）。由此可见，即使在G20国家中，存款保险机构独立设置模式也属于主流模式。

表2　　世界各国存款保险机构的设立模式统计

年份		独立设置	隶属中央银行	隶属监管当局	其他
2000	个数	15	22	11	18
	占比	23%	33%	17%	27%
2011	个数	51	13	1	14
	占比	64.56%	16.46%	5.06%	12.66%

注：表中“其他”项包括隶属于财政部、银行业协会（Association of Banks）以及其他没有明确解释的方式；对于拥有多家存款保险机构的德国、加拿大等国家或地区，我们只统计了其最具代表性的一家机构。

资料来源：2000年数据来自Garcia（2000）；2011年的数据根据IADI统计资料整理。两个年份的数据在统计方式上存在一定的差异。

总而言之，存款保险机构隶属于任何一家其他机构或部门，都会存在目标冲突和利益冲突，从而制约金融安全网三大支柱各自功效的有效发挥。基于我国国情，独立设置存款保险机构恐怕是最佳选择，这样既能避免不同部门或机构之间的相互争权，又能保障存款保险机构的独立运营（潘艳红，2010）。而对于存款保险机构独立设置时各个机构之间的信息共享和协调方面的问题，则可以通过制定法规、明确职责（李喜梅和郭颂平，2008），以及完善决策机制来解决。

四、关于存款保险机构是否应当拥有适度监管权问题

如果存款保险机构能够独立设置，那么紧接着的一个重要问题就是，存款保险机构是否应当拥有相应的监管权？

（一）存款保险机构的功效需要适当的监管权作保障

存款保险机构一旦独立设置，出于其自身经营的需要（邢会强和侯作前，2005），以及实现其保护存款人利益的根本目的，就需要根据存款保险制度的功能模式（即：单一付款箱型，中间型还是风险最小化型），来确定存款保险机构是否应当拥有相应的适度监管权。

根据国际经验，如果是功能单一的“付款箱型”存款保险机构或基金，一般不需要

拥有任何监管权,只需在银行破产时,负责赔付存款人的存款即可。如果是功能齐全的"风险最小化型"存款保险机构,那么就需要具备比较充分的监管权力。而介于二者之间的"成本最小化型"存款保险机构,则视情况而定。总之,存款保险机构越发达,其拥有的监管权限就越大。

究其原因,我们认为,存款保险机构拥有适度的监管权,有助于全面、及时和准确地掌握参保银行的经营状况和风险水平,是存款保险制度有效发挥作用和存款保险机构有效运行的前提。

首先,有关存款保险机构是否应当拥有监管权的争论,部分原因在于人们对于监管权本身存在一定的认识误区。其实,监管权可以分解为两个方面:一个是检查权,另一个是处罚权。关于检查权,从一些国家的实践经验来看,金融安全网三家主要机构的检查重点并不相同。其中,监管部门的检查主要是对银行的业务活动及风险状况进行合规性检查,包括现场检查和非现场监管,以确保银行的经营合法合规以及风险可控。中央银行的检查主要了解金融机构的支付能力和流动性状况,以把握金融体系的流动性状况,目的是为了维护整个金融市场的稳定。而存款保险机构的检查则主要是为了了解银行的存款额度、存款结构、财务状况和风险水平,以便合理制定和调整各个银行的保费费率;更重要的是检查银行的存款人数据整理和储备情况,以便在万一银行出现问题时,存款保险机构能够及时地对存款人进行准确赔付。

与之相关,三个机构拥有的处罚权也各不相同。其中,监管部门主要是依据法律法规对违法违规的银行进行行政处罚或追究法律责任;中央银行主要是通过解除与银行之间签署的清算合同等措施来对违约的银行进行惩罚;而存款保险机构则是依据存款保险法规,通过提高费率、强制退保以及信息披露等方式对违规银行进行惩戒。

其次,存款保险机构拥有适度监管权是存款保险机构自身经营的需要,可以减少存款保险基金的经营性损失。存款保险制度建立后,一旦参保机构出现问题而破产倒闭,将由存款保险机构进行存款偿付。无论采取哪种处置方式都有可能导致存款保险基金的财务损失,形成问题银行的处置成本。存款保险机构为了将自身风险降到最低或控制在可控的范围内,并将存款保险基金的损失降到最低水平,就会积极主动地对银行进行检查,以避免出现检查宽容(王自力,2006;尹杞月,2012)。与此不同的是,由于监管部门通常不用负担倒闭银行的赔付成本,因此,为了保护银行利益,有可能会拖延问题银行的倒闭,最终导致存款保险基金的更大损失。此外,存款保险机构处置破产银行时,需要了解银行破产之后的财务状况和发展前景,以设计出最优的退出方式,尽可能降低自身的损失(郝珍珍,2011)。因此,如果让存款保险机构从监管机构去获取银行的检查信息,并不能有效地满足存款保险机构最小化存款保险基金损失的需要,享有相应监管权是其自身经营的需要(邢会强和侯作前,2005)。

再次,存款保险机构拥有适度的监管权有助于及时掌握参保银行的风险状况,动态调整参保银行的风险差别费率,以减少逆向选择和道德风险现象。为了最小化潜在的逆向选择和道德风险,存款保险机构需要基于风险状况对参保银行征收差别保费。存款保险机构制定风险差别费率时,需要了解参保银行的存款规模、存款结构以及风险状况,及时调整费率,最大限度地防范逆向选择和道德风险[①]。此外,目前我国商业银行的风险评级体系尚不够完善,难以实行精确的风险计量,风险差别费率难以有效反映商业银行的风险状况,因此,存款保险机构还需要通过适度的检查来查明商业银行的真实风险状况。

最后,存款保险机构拥有适当的监管权,可以避免监管机构出现"监管宽容",有助于实现问题银行的及时退出。在存款保险制度建立后,一些国家为了避免监管机构出现"监管宽容"现象,便对存款保险机构赋予一定的监管权。一些学者认为,只要制度安排和机制设计合理,存款保险机构的监管行为并不会对银行产生过多的重复监管,反而能够对监管部门的银行监管提供有益的补充。美国联邦存款保险公司(FDIC)前主席Sheila Bair曾经表示,"美国FDIC具有的监管职责,是对其他银行监管者一个非常有价值的补充,并没有使情况复杂化,也没有和他们产生矛盾,中国也应该这样。存款保险制度能够为中国的银行监管者提供更多的工具,并增加银行体系的稳定性。为了使存款保险公司能够对问题银行采取早期纠正措施和接管破产银行的职能,也必须让存款保险机构拥有适度的银行监管职能"(李喜梅和郭颂平,2008)。同时,为了防范道德风险、银行监管共享信息不及时或不准确而导致赔付延误等问题的出现,存款保险机构也需要拥有对参保银行的适度监管权(颜海波,2005)。

此外,存款保险机构拥有适度的监管权,还有助于其在危机时期更加有效地处置

---

① 在"单一付款箱"模式下,存款保险机构只负责事后"买单",那么金融机构经营者就有可能在恶意经营出现资不抵债后,交由存款保险机构负责赔付和"兜底",因此不利于约束金融机构的道德风险(李喜梅和郭颂平,2008)。

问题银行，稳定银行体系。美国1991年出台的《联邦存款保险公司修正法案》(*Federal Deposit Insurance Corporation Improvement Act of 1991*)赋予了联邦存款保险公司(FDIC)适当的监管权、对问题金融机构及时调整和处置作出了明确规定，提高了美国银行业的资本充足率水平和抗风险的能力(周小川，2011)。

(二)存款保险机构拥有适度监管权不会影响银行监管部门的权限

在存款保险机构是否应当拥有监管权这个问题上，持否定观点的主要理由是，存款保险机构如果拥有监管权就会造成银行业监管的重复、混乱和资源浪费。一方面，存款保险机构监管职能如果划分不清就有可能会产生重复监管，造成监管资源的浪费，并加重银行的负担；另一方面，多头监管在一定程度上会影响银行监管部门在监管上的权威性、严肃性和监管效力(颜海波，2004)。但是我们认为，所有这些问题，是可以通过监管权限的合理分工，监管方式的不同组合，以及其他适当的制度安排加以避免的，赋予存款保险机构以适度的监管权，不仅不会影响银行监管部门的监管效率和有效性，相反，还可能由于形成监管上的竞争，反而提高各自的监管效率。

一是存款保险机构监管与银行业监管机构监管的目的并不相同。银行监管部门的监管主要是为了发现银行的违规行为，把握其风险状况，并对违规行为和违规银行实施处罚，从而促使整个银行业能够稳健经营和防范系统性风险。而存款保险机构的监管主要是为了获取银行的存款结构和风险水平等数据，并由此制定和调整参保银行的保险费率和保险赔付水平，以达到保护存款人利益的目的。世界各国的银行监管和存款保险的实践表明，二者的目的和侧重点存在一定的差异。二者的目标并不一致，因此，相应的监管内容也就自然各不相同。

二是存款保险机构拥有适度的监管权并不会削弱银行监管部门的监管权限，二者之间可以明确区分，也可以相互配合。在监管方式上，存款保险机构可以根据监管部门提供的信息以及监管部门的机构分布，选择单独检查、联合检查、跟随检查、委托检查、建议检查，以及建议处罚等多种不同方式。对于可以共享信息的领域，存款保险机构不需要亲自检查；在必须由自己参与现场检查的领域，存款保险机构也可以与监管部门一道进行联合检查或委托其检查；对于监管部门没有检查的领域，存款保险机构可以建议监管部门开展检查，并与监管部门共同分享检查结果；由于存款保险机构受制于功能设计的限制，对于银行的违法违规行为可能无法采取处罚行动，因此还可以建议监管部门作出相应处罚。颜海波(2005)、王自力(2006)、李喜梅和郭颂平

(2008)、潘艳红(2010)等人的研究,分别从不同角度对此进行了论证。

三是存款保险机构拥有适度的监管权有助于提高监管的规范性和透明度。当前,我国银行业监管特别是现场检查和市场准入监管,存在着规范性差、透明度不高的问题,监管处置结果基本上没有随时对外公布。而国外的实践表明,存款保险机构对于存保费率的确定、对于破产银行的处置通常都是市场化的,规范性较高,相关处置结果也会及时对外公布。因此,存款保险机构拥有适度的监管权可以推动银行监管部门在监管的规范性和透明度方面不断加以改进。

四是存款保险机构拥有适度的监管权可以强化银行的自我约束,缓解银行业监管资源不足的问题。2003年以来,我国对国有大型商业银行实施了改制上市,通过核销已实际损失的资本金、不良贷款剥离、外汇储备注资和境内外发行上市的财务重组"四部曲",国有大型商业银行的财务状况和管理水平等都有了较大改善(周小川,2012)。但是,其内控机制和风险管理框架目前还不完善,精细化定价能力不足,盈利仍然过度依赖规模扩张。与此同时,城商行、农商行、农信社等小型银行业金融机构在资本充足率、经营管理和风险控制方面存在的问题也比较突出。一方面,如果存款保险机构能够拥有适度的监管权,并动态地调整参保银行的差别风险费率,就可以促使银行强化自我约束;另一方面,当前我国县域及县域以下地区的银行业监管资源不足问题比较突出,存款保险机构如果能够拥有适度的监管权,就可以适当缓解这一难题。此外,存款保险机构如果拥有适度的监管权,对问题银行实施"实时校正",还可以弥补银行监管部门由于事无巨细的行政干预而导致的监管真空与监管漏洞,从而更好地发挥监管效力(王自力,2006)。

(三)存款保险机构拥有适度监管权是各国存款保险制度的发展方向

随着金融市场的发展,存款保险机构出于防范自身经营风险和潜在道德风险的需要,需要在事后的风险处置基础上适当地兼顾事前的风险防范。国际货币基金组织(IMF)在此次国际金融危机前的调查结果显示,全球有34个国家存款保险机构的职责比较单一,而大多数国家的存款保险机构都具有复合功能。在这些大多数的国家中,"成本最小化"的中间型存款保险机构占据了主流;但是,近年来,许多国家的存款保险机构都在向"风险最小化型"的方向转变,尤其是国际金融危机以后,这一趋势更加明显。美国联邦存款保险机构(FDIC)是世界上最早的"风险最小化型"存款保险机构,此次危机后,美国国会通过的《多德—弗兰克法案》,再次增强了FDIC对参保银行的检查权。韩国的存款保险制度在1997年亚洲金融危机爆发后开始转向“风险最小化型”，韩国存款保险公司（KDIC）的检查权随之大幅增加。

（四）金融安全网三大支柱的监管权配置需要制度化、规范化

如果未来的存款保险机构能够拥有适度的监管权，那么，为了在实践中切实防范职能交叉、重复监管和资源浪费，通过制度规范来实现金融安全网三大支柱之间的合理分工及信息共享就显得非常重要。例如，银监会成立后，尽管中国人民银行已经将银行监管权限分离至银监会，但仍然拥有多项检查监督职权①，包括建议检查权、对出现支付困难的银行业金融机构的检查监督权等。从实地调研我们了解到，中国人民银行与中国银监会之间，特别是地方银监局和中国人民银行地方支行之间，在监管权的分配和协调上还存在很多问题。二者之间缺乏必要的联系和相互交流，互不信任对方的检查结果，甚至在工作中相互掣肘，不仅降低了自身的工作效率，而且也提高商业银行的“应对成本”。但我们认为，这些问题的产生并不是由于监管权分割造成的，而是由于在监管权配置方面缺乏明确的合理分工和有效的协调机制。我们在后文的信息共享和协调机制部分会进一步详细探讨这些问题的解决办法，这里仅就监管职权在金融安全网三大支柱之间的分工展开论述。

在理论上，目前已有不少文献对存款保险机构应当拥有适度的监管权问题进行了积极探讨，并得出一些有意义的结论。其一，银监会应向存款保险机构提供其所需要的相应信息，实现信息共享，以方便存款保险机构及时调整存款保险费率和处理问题银行（颜海波，2005）。为了减少重复监管和资源浪费，银监会和存款保险机构可以轮流检查、结果共享，或者联合检查、各有分工（颜海波和刘勤，2007；李志强和尹锋林，2011）。其二，为了防止出现道德风险、银行监管共享信息不及时或不准确而导致赔付延误等问题，存款保险机构也可以直接要求参保银行报送相关信息和数据，并有权审查信息和数据的真实性（颜海波，2005）。参保银行向存款保险机构报送的信息和数据包括资产负债表、损益表、现金流量表等，以反映其贷款清偿能力、信贷质量、盈余状况及风险规避能力等（颜海波，2005；马赞军，2006；潘艳红，2010）。在此基础上，存款保险机构还可以对参保银行进行不定期检查，对其风险状况进行监测。其

① 详见《中国人民银行法》（2004年版）第三十一条至第三十五条。

三，存款保险机构应享有建议监管权或者处罚权。在发现问题时，建议银监会采取相应的监管措施（颜海波，2005）；或者对问题银行发出警告，提出整改措施，直至取消其参保资格（王自力，2006；马赞军，2006；李喜梅和郭颂平，2008；潘艳红，2010）。其四，在某些领域，存款保险机构也应享有与银监会联合监管的权力（潘艳红，2010）。此外，存款保险机构与银行监管部门在破产处置权方面的分配也是一个重要的方面。马赞军（2006）认为，对救助无望的参保银行，经法律程序宣告破产后，存款保险机构按照有关法律规定，对存款人进行存款赔付。尹杞月（2012）认为，应通过立法赋予存款保险机构处置破产银行资产的职能，尽可能多地参与破产银行的安全处置问题。

所有这些研究，对于存款保险机构拥有适度监管权进行的探讨无疑是非常必要的，但更为重要的是，应当依照合适的原则，通过法律法规对金融安全网三大支柱拥有的监管权进行规范化和制度化（Kahn和Santos，2001）[①]。我们认为，金融安全网监管权配置的基本原则应当是：在信息共享得到必要保障的基础上，一般领域和范围的监管应当交由银行监管部门负责，中央银行和存款保险机构可以从银行监管部门获取自己所需要的信息；对于银行监管部门的监管信息难以达到自己所需要的宽度和深度时，中央银行和存款保险机构可以拥有必要的联合检查权；对于属于银行监管部门监管职权范围以内的，但并没有引起银行监管部门足够关注和重视的现象和行为，中央银行和存款保险机构可以拥有建议监管权，而银行监管部门应将是否检查以及检查结果在有效时限内反馈给中央银行和存款保险机构；对于与自身业务运营以及目标切实相关的领域，但又不在银行监管部门监管职权以内的部分，中央银行和存款保险机构可以享有独自监管权。当然，这是一个初步的分配原则，供大家进一步研讨。

五、关于如何完善金融安全网三大支柱之间的协调机制问题

在维持金融稳定和应对金融危机方面，如何配置金融安全网三大支柱的功能以及如何加强三者之间的信息共享和协调配合，是金融安全网建设过程中所面临的另一个重大问题。当金融安全网的功能由相互独立的三大支柱共同承担时，相互之间

① Kahn和Santos（2001）认为，监管职能的制度性配置非常重要，因为尽管三大支柱的监管目标各不相同，监管可以协调实施，但由于代理问题以及对三大支柱行为的监管不完善可能产生的激励问题，可能仍然会导致三大支柱之间的目标冲突。

的权责分配、信息共享以及协调机制等问题就会趋于复杂，亟需清晰而明确地加以解决（FSF，2001）。维护金融体系安全是一项系统工程，金融安全网每一个支柱的重要决策都需要综合考虑多方面因素，一方面，监管部门、中央银行和存款保险机构需要各自独立、各司其职；另一方面，也需要通过有效的协调机制来增强各个支柱的功能和三大支柱“协同作战”的能力。

（一）金融安全网三大支柱有效协调的前提是职能分工明确

构建金融安全网协调机制的前提是，三大支柱之间的职能分工必须清晰明确，只有这样，才能促使三大支柱有效地履行各自的职责，避免相互扯皮。职责分工主要是指，金融安全网三大支柱在职能权限、作用方式、手段工具以及政策措施等方面进行明确分工。

首先，银行监管部门主要负责平时的日常监管，在危机爆发前进行风险防范。银行监管部门通过机构和业务准入的监管来减少银行从事高风险业务的倾向；同时，通过现场检查和非现场检查，评估银行的风险状况和潜在风险，强制风险过高的银行进行整改，力争将风险遏制在萌芽状态。值得注意的是，银行监管并不等于不让银行倒闭，适时适当的个别银行破产退出可以避免金融风险的过度积累，有助于警示其他商业银行，有助于防范规模更大的区域性风险和系统性风险。

表3　　金融安全网三大支柱的职责分工

机构	目标	手段	时间	性质
银行监管机构	防止机构违规和限制金融机构的风险状况，维护信用秩序。	市场准入、监管指标、非现场监管等	金融机构常规运营时期	事前防范
中央银行	通过最后贷款人化解金融机构的流动性危机，救活金融机构，保持金融体系稳定。	再贷款、“非常规”救助措施	金融机构陷入困境和危机	事中应对
存款保险机构	通过保护存款人利益，防止银行挤兑和风险传染。	向存款人支付保险限额内的存款、重组、清算等	金融机构破产或者倒闭后	事后处置

其次，中央银行主要负责市场波动时的流动性救援，属于事中应对。在某些银行已经陷入经营困境时，中央银行作为最后贷款人便视情况发挥有限作用。中央银行通过对问题银行的检查和评估，确认银行的救助申请属于合理范围时，便可以通过再

贷款等措施及时化解该银行所面临的风险，恢复其正常运营。此外，中央银行的最后贷款人职能还需要确保整个金融体系的流动性，这在恐慌性事件发生时或者金融危机爆发时尤为重要。通常认为，中央银行履行最后贷款人职能救助银行时，该银行面对的应当是“流动性不足”而非“偿付能力不足”，并且，中央银行的救助行动还应当遵循“建设性模糊”的原则，以降低其救助行动可能引发的“道德风险”。

最后，存款保险机构主要负责危机后问题银行的退出和对存款人的理赔工作，进行妥善的事后处置。对于中央银行的最后贷款人无法“救活”的商业银行，或者已经资不抵债、中央银行不愿救助的商业银行，就需要存款保险机构发挥事后处置作用。一方面，依照存款保险合约规定的保险范围和赔付限额，对破产银行的存款人进行理赔；另一方面，对破产银行实行托管、清算，实现有序退出或兼并重组。

（二）三大支柱的协调配合有助于改善金融安全网的实际功效

要实现金融安全网维护信用秩序、稳定金融市场和保护存款人利益的三大目标，就需要三大支柱在履行好各自职责的基础上，加强相互之间的协调配合，在提高各支柱自身功效的同时，增强三支柱的整体合力，结成真正的“安全网”。

首先，监管部门的审慎监管可以降低商业银行陷入困境和发生危机的可能性，减轻中央银行和存款保险机构这两个后续环节的压力，降低两者面临的风险。其一，监管部门通过市场准入审查，将公司治理框架不完善、潜在风险较大的机构和经营者排除在银行体系之外。其二，监管部门通过资本充足率监管，促使银行维持足够的资本金，并在期限上实现资金来源和运用的自我平衡，减少中央银行作为最后贷款人的救援需求。其三，监管部门通过强有力的指标约束和行政督导可以促使银行建立具有自我约束的经营机制，不断完善内部风险防范和控制机制，降低银行破产几率，减少存款保险机构赔付的几率。此外，通过与监管部门的信息共享和意见交流，中央银行可以更正确地决定是否接受商业银行的“救助申请”，以及实施救助的时机、规模和利率水平；存款保险机构也可以根据银行的存款规模、存款结构等，更准确地制定各参保银行的风险差别费率。

其次，中央银行可以协助监管部门进行前瞻性的风险审慎监管，协助存款保险机构进行前瞻性的存保基金管理。中央银行除了作为最后贷款人之外，还负责制定和实施货币政策来调控宏观经济，因此在对实体经济未来走势的研判上具有特殊优势。监管部门通过与中央银行的信息共享和意见沟通，可以前瞻性地要求商业银行增加资本和拨备计提，防止商业银行在经济形势恶化之后的群体性、断崖式崩溃，更好地实现审慎监管目标。例如，在经济下行和银行不良贷款率上升之前，提前要求商业银行调整信贷结构和提高贷款拨备和资本充足率等。对存款保险机构而言，中央银行对实体经济和金融市场未来波动的提前判断可以帮助其前瞻性地调整保费费率和补充资金，及时扩大存款保险基金的规模，以提高其赔偿能力；同时，中央银行作为最后贷款人，通过救助部分问题银行恢复正常运营，可以减少存款保险机构不必要的存款赔付。

再次，存款保险机构的存款赔付可以防止银行挤兑和危机传染，减轻监管部门的工作压力和中央银行的救助压力。在风险差别费率制度下，保费费率通常是根据参保银行当前和未来的风险状况制定的，这会在正常时期对商业银行形成激励约束机制，限制商业银行过度提高风险偏好和增加高风险业务，有利于监管部门审慎监管目标的实现。在金融危机爆发时，存款保险机构的存款赔付承诺可以防止存款人对银行的挤兑，从而减少监管部门的工作压力。对中央银行而言，存款保险机构通过存款赔付承诺，以及运用市场化手段处置问题金融机构，可以减少中央银行不必要的资金救助；从长期看，还可以减少中央银行救助行为对货币政策的干扰，有效防止“救助性货币超发”造成的通货膨胀。

目前，理论界对于金融安全网三大支柱协调机制的必要性已有比较充分的认识①，但在如何建立协调机制问题上尚未达成共识。国际存款保险人协会（IADI）2009年3月颁布《有效存款保险制度核心原则》在指出金融安全网三大支柱建立密切联系与信息共享合作框架的重要性时，也只是原则性地提出“信息应准确及时（必要时还应保密），且信息共享与合作安排应制度化”（BCBS and IADI，2009）。为此，我们有必要对金融安全网三大支柱的协调机制做进一步探讨。

（三）金融安全网三大支柱的协调机制设想

为了增强金融安全网三大支柱的合力，必须尽快建立健全金融安全网三大支柱的协调机制，包括科学决策机制、信息共享机制，以及危机应对机制三个主要方面。

---

① 如尹杞月（2012）和解正山（2009）。

1. 完善科学决策机制

首先,在现有的银监会、证监会、保监会三大监管部门之上建立一个"金融监管政策委员会"作为决策机构,并吸收中央银行、存款保险机构的代表进入"金融监管政策委员会",以加强监管部门与二者之间的协调配合。三大监管部门作为执行机构,负责落实"金融监管政策委员会"制定的监管方针政策。

其次,将"货币政策委员会"从目前的咨询机构提升为决策机构,以中央银行为主,同时将监管部门、存款保险机构的代表吸纳进来,以加强中央银行与二者之间的协调配合。中央银行作为执行机构,负责落实"货币政策委员会"作出的货币政策决定。

最后,成立"存款保险政策委员会"作为存款保险机构的决策机构,以存保机构为主,同时将监管部门和中央银行的代表吸收进来,以加强存款保险机构与二者之间的协调配合。存款保险机构作为执行机构,负责落实"存款保险政策委员会"作出的相关决定。

2. 信息共享机制

在金融安全网三大支柱之间的信息共享方面,要避免目前人民银行、银监会、证监会和保监会之间存在的"沟通难"现象。巴塞尔委员会制定的《有效银行业监管核心原则》(2012)明确指出,一个有效的监管体系"应建立监管者之间风险信息即为信息保密的各项安排"。当前,我国金融管理部门的信息系统总体上呈互相割裂、互相封锁状态,至今尚未建立起统一的信息交流平台,远远不能满足协调合作的需要。

在存款保险制度建立以后,更加需要在金融安全网三大支柱之间建立起具有强制力的制度化信息共享机制。

首先,在建立统一的金融信息共享平台的基础上,制定严格的规章制度,明确各支柱之间共享的信息范围和基本内容。例如,除了一般性的财务报表数据以外,还应包括现场检查信息、相关分析报告等,以避免信息重复收集,减轻金融机构的负担。

其次,明确区分各个支柱的共享信息流向和共享层次,并对不同级别的管理人员赋予不同的信息参阅权限。

再次,建立高效的信息共享网络,并通过规章制度明确各大支柱更新信息的时限,以保障共享信息的及时更新和动态调整。

最后,制定信息共享的统一标准,信息的收集和共享采用统一格式,以减少其他部门的参阅障碍。

3. 建立风险处置流程和危机应对机制

金融安全网三大支柱之间还需要构建完整的风险处置流程和危机应对机制，并明确国务院在金融安全网中所应发挥的领导作用。如图1所示，当金融风险发生时，首先应由一个相对独立的"金融风险评估小组"进行及时研判，看其是否属于系统性风险。如果"金融风险评估小组"的研判认为属于系统性风险，就需要及时上报国务院。此时，国务院需成立"金融危机应对办公室"或者"金融危机应对委员会"，负责召集金融安全网三大支柱以及财政部等其他相关部门召开金融危机应对会议，集合各相关部门的力量更好地应对危机。

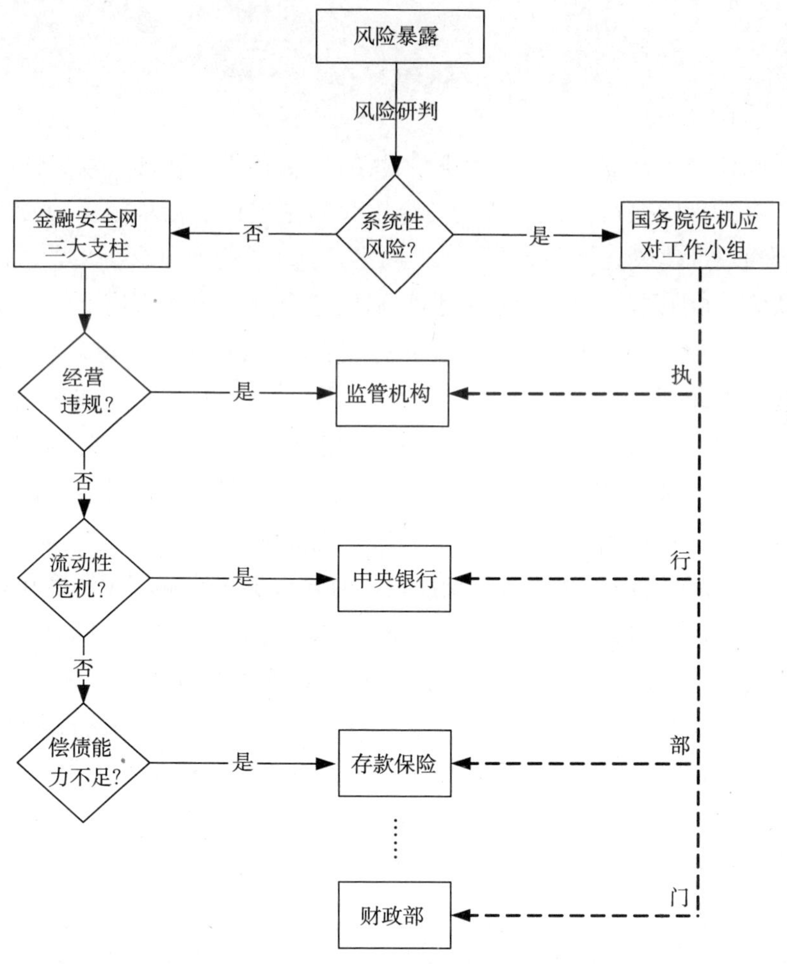

图1　金融安全网的危机应对流程

如果“金融风险评估小组”经研判认为不属于系统性风险，则需要进一步判断其风险的具体性质。如属于违法违规经营，则交由监管部门处置；如属于流动性风险，则交由中央银行实施救助；如属于偿付能力不足或已资不抵债，则交由存款保险机构进行破产处置。在没有爆发区域性和系统性风险的情况下，金融安全网三大支柱以及相互之间的协调机制完全可以胜任相关救助和处置工作，国务院不必事事亲自参与。这样，一方面可以将国务院从非重大危机的应对中解脱出来，把更多精力投放在涉及国计民生的重大问题和国家长治久安的战略问题上；另一方面，也可以大大减少政治对日常银行监管、问题银行救助和具体处置工作的过度干预，增强监管、救助和处置工作的相对独立性和专业性。

六、结　论

本文在阐述中国建立显性存款保险制度的理论必要性和现实紧迫性的基础上，对中国建立存款保险制度必须解决的几个重大问题进行了初步分析，并提出了作者的学术观点和政策建议。

我们认为，在中国建立存款保险制度，不仅是金融安全网理论上的需要，也是推动我国中小银行发展、推进利率市场改革的现实需要，还是在金融领域减少政府干预、实现政企分开的迫切需要。

至于制度设计，我们认为，在目前国情下，相对于隶属于监管部门或者中央银行而言，独立设置存款保险机构可能是一种更优的制度安排。在将监管权区分为“检查权”和“处罚权”之后，存款保险机构拥有适当的监管权恐怕是其有效发挥作用的必要保障；只要存款保险机构与其他两大支柱之间监管权配置能够实现制度化和规范化，就不会导致重复监管和降低监管效率，反而有可能提高监管效率。同时，风险最小化是当前世界各国存款保险制度的发展方向，而拥有适当监管权则是这一制度模式的内在要求。当然，金融安全网的整体功效需要三大支柱在独立设置的基础上加强协调配合，避免相互扯皮，这就需要制度化的、强有力的协调机制作为制度保障；此外，还需要尽快构建完整的风险处置流程和危机应对机制，明确三大支柱各自出手的时机和条件，以及国务院在金融安全网中所应发挥的领导作用。

上述问题都是中国建立存款保险制度需要解决的一些重大问题，我们的研究还是初步的，还有待进一步的深入探讨，在此全当是抛砖引玉，希望能够激发更多的研究和争论。此外，因篇幅限制，还有一些重大问题没能展开讨论，比如，如何从隐性存款保险向显性存款保险转变、全额保险向限额保险转变；存款保险与利率市场化等金融改革的关系；存款保险与金融机构民营化的关系；存款保险与资产管理公司关系；以及存款保险与保险保障基金、证券投资者保护基金的关系等等。所有这些，我们都期待有更多的专家学者来参加相关讨论。

参考文献

[1] 巴塞尔委员会.有效银行监管核心原则(2012)(中国银行业监督管理委员会译)[M].北京：中国金融出版社，2012.

[2] 范建军.借鉴国外经验，建立符合我国国情的存款保险制度[D].国务院发展研究中心调研报告，第131号(总4311号)，2012.

[3] 国务院.关于金融体制改革的决定(国发〔1993〕91号)[Z]. 1993−12−25.

[4] 郝珍珍.我国存款保险法律制度研究[J]. 现代商贸工业，2011(3)：238−239.

[5] 黄文胜.对我国建立存款保险制度的几点思考[J]. 新疆社科论坛，2005(2)：55−57，67.

[6] 孔令学.金融宏观审慎管理框架下我国存款保险制度主要问题探讨[J].金融理论与实践，2011(9)：35−39.

[7] 李喜梅，郭颂平.存款保险理论与中国的选择[J].保险研究，2008(11)：70−75.

[8] 李志强，尹锋林.我国建立存款保险制度的功能定位与制度构架[J].前沿，2011(19)：115−118.

[9] 李智仁.金融危机与存款保险法制[M].台北：元照出版公司，2009.

[10] 马赞军.金融监管框架下的存款保险制度[J].广东金融学院学报，2006(5)：64−68.

[11] 潘艳红.存款保险制度的核心问题探讨——存款保险公司的组建[J].新疆财经大学学报，2010(4)：61−65.

[12] 彭兴韵，包敏丹.增强中央银行独立性的研究[J].河南金融管理干部学院学报，2005(1)：47−50.

[13] 日本存款保险机构.存款保险机构10年史(日文)，1982.

[14] 王国刚.实施存款保险制度不宜操之过急[J].国际金融研究，2007(7)：59−65.

[15] 王自力.FDIC经验与我国存款保险制度建设[J].金融研究，2006(3)：124−130.

[16] 夏斌，范建军.怎样建立符合我国国情的存款保险制度[J]. 国研中心择要，2005.

[17] 解正山.有效存款保险制度核心原则评介及对我国的借鉴[J].上海金融，2009(9)：53−58.

[18] 邢会强，侯作前.我国存款保险法律制度的构建[J]. 南都学坛(人文社会科学学报)，2005(6)：85−89.

[19] 颜海波.中国建立存款保险制度所面临的困境与选择[J]. 金融研究，2004(11)：29−36

[20] 颜海波.存款保险制度与中央银行最后贷款人[J].中国金融，2005(11)：31.

[21] 颜海波,陈虎城.中国建立存款保险制度应处理好六个重要关系[J].河南金融管理干部学院学报,2005(2):7-10.

[22] 颜海波,刘勤.存款保险制度建设的国际经验[J].银行家,2007(3):28-33.

[23] 阎庆民.建立我国存款保险制度的构想[J].经济理论与经济管理,2003(3):27-31.

[24] 尹杞月.国外银行存款保险制度的道德风险问题研究[J].保险研究,2012(2):89-96.

[25] 中国人民银行.中国金融稳定报告(2012)[D].2012-07,http://www.pbc.gov.cn/.

[26] 周小川.建立存款保险制度有关问题(2011 年 4 月 1 日)[M]. 收录在《国际金融危机:观察、分析和应对》(周小川).北京:中国金融出版社, 2012.

[27] 周小川.大型商业银行改革的回顾和展望[J]. 中国金融,2012(06).

[28] BCBS, IADI. Core Principles for Effective Deposit Insurance Systems [J]. 2009(3), http://www.bis.org.

[29] Demirgüç-Kunt, A., E. Kane, L. Laeven. Determinants of Deposit-insurance Adoption and Design [J]. Journal of Financial Intermediation,2008, 17(3):407-438.

[30] Demirgüç-Kunt, A., B. Karacaovali, L. Laeven. Deposit Insurance around the World [D]. A Comprehensive Database, Policy Research Working Paper Series 3628, The World Bank, 2005.

[31] Diamond, D., P. Dybvig, Bank Runs. Deposit Insurance and Liquidity [J]. Journal of Political Economy, 1983, 91(3):401-419.

[32] Diamond, D., R. Rajan. Liguidity Risk, Liquidity Creation, and Financial Fragility [J]. A Theory of Banking, Journal of Political Economy, 2001, 109(2):287-327.

[33] Diamond, D., R. Rajan. Liquidity Shortages and Banking Crises[J]. Journal of Finance, American Finance Association, 2005, 60(2):615-647.

[34] FSF Working Group on Deposit Insurance. Guidance for Developing Effective Deposit Insurance Systems [J]. Final Report of the Working Group on Deposit Insurance, 2001.

[35] Garcia, G., Deposit Insurance. A Survey of Actual and Best Practice [D]. IMF Working Paper, WP/99/54, 1999(4).

[36] Garcia, G., Deposit Insurance. Actual and Good Practices [D]. IMF Occasional Paper, No.197 , 2000(1).

[37] IADI.2010 Annual Survey Results [Z].2011,http://www.iadi.org/.

[38] IADI.2011 Annual Survey Results [Z].2012,http://www.iadi.org/.

[39] Jacky So, Jason Z. Wei. Deposit Insurance and Forbearance under Moral Hazard[J]. The Journal of Risk and Insurance,2004,71(4):717-735.

[40] Kahn, C., J. Santos .Allocating Bank Regulatory Powers: Lender of Last Resort[D]. Deposit Insurance and Supervision, BIS Working Paper, No. 102, 2001.

[41] Martinez, J., T. Rose. International Survey of Integrated Financial Sector Supervision[D]. World Bank Working Paper, 2003(7).

The Design of Deposit Insurance System and the Improvement of Financial Safety Net in China

WEI Jianing

(Macroeconomics Department, Development Research Center of the State Council)

Abstract: Consensus has been reached on whether it is necessary for China to establish a deposit insurance system, but differences remain in the design of the deposit insurance system. Based on international experiences and China's national conditions, this paper had a thorough discussion on some major issues about the design of the deposit insurance system from the perspective of improving the financial safety net. In the current national conditions, with respect to the deposit insurance corporation being subordinate to regulatory authorities or the central bank, independent body may be a better institutional arrangement. It is necessary to allocate appropriate regulatory powers to the deposit insurance corporation for its effective functioning, and it is also an inherent requirement of the deposit insurance system to minimize the risk; the institutionalized and standardized allocation of regulatory powers between the three pillars of the financial safety net does not lead to regulatory overlap and does not reduce the efficiency of supervision. After the establishment of the deposit insurance system, the coordination between the three pillars of the financial safety net need a strong coordination mechanism as the institutional guarantee, and also need to build a complete resolution process and crisis response mechanism, and clarify the timing and conditions of the three pillars being put into use respectively.

Key Words: Deposit Insurance, Financial Safety Net, Financial Regulation, Depositor Protection

银行业金融机构信息科技风险监管研究*

◎ 阎庆民

摘要:本文全面论述了银行业信息科技风险的特点、重要性和特殊性,通过深入分析中国银行业信息科技风险管理面临的突出问题,探讨了信息科技风险与操作风险、全面风险管理之间的关系,提出将信息科技风险从操作风险中拆分并独立管理的观点,创新提出了以"目标"和"过程控制"为导向的信息科技风险核心监管指标构建方法,并对信息科技风险资本单独计量的方法进行了思考和设计。通过本文的研究,为不断完善银行业信息科技风险监管理论方法,进一步提高监管有效性,提供了参考意见和思路。

关键词:信息科技风险 管理定位 监管指标 资本计量

一、引 言

信息科技是银行业务运营的基础平台,也是现代银行必不可少的重要基础设施。信息科技已与业务高度融合,成为我国银行业打造核心竞争力、持续发展的关键环节。随着信息科技的广泛应用,银行几乎所有的业务运营和管理活动都高度依赖

作者阎庆民系中国银行业监督管理委员会主席助理。

* 本文为中国金融四十人论坛(CF40)内部课题"银行业金融机构信息科技风险监管研究"的部分成果,课题报告得到CF40立项资助并组织专家评审。

于信息系统,随之而来的信息科技风险对银行业稳健发展带来巨大挑战,资金安全、信息安全、业务中断等风险事件对银行产生全面影响,信息科技风险甚至成为唯一可能使银行业务在瞬间全部瘫痪的重要风险。因此,加强对银行业信息科技风险的研究,深入思考、探索信息科技风险管理和监管的理论、工具和方法,探讨解决当前银行业信息科技风险管理面临的突出问题,推动银行业将信息科技风险纳入全面风险管理体系,在当前具有非常重要的现实意义和前瞻价值。

二、银行业信息科技风险管理概述

近年来,在我国银行业向集约化、自动化、流程化、智能化发展的过程中,各银行对信息科技的认识逐步加深,投入不断加大。信息科技已经成为银行业务日常运营的操作平台、业务创新的基础工具和管理决策的重要手段。银行信息科技发展水平及其与银行业务的融合程度,已经成为影响现代银行业务客户服务、衡量经营管理水平高低的重要因素,成为全球各大银行打造核心竞争力的关键领域。相对于信息科技建设的飞速发展,我国银行业科技信息管理方面还比较薄弱,重建设、轻管理,重眼前、轻长远的现象还普遍存在,尚缺乏对信息科技风险的全面认知和信息科技风险管理的统筹考虑。

(一)信息科技风险定义、分类及特点

1. 信息科技风险的定义

目前业界对于信息科技风险尚缺乏统一认识,国际上存在三种主流的定义。

(1)从逻辑角度给出抽象的定义。如国际标准组织(ISO)指出,信息科技风险是一个给定的威胁(Threat)对一项或者一组信息科技资产的脆弱点进行攻击,并对整个组织造成伤害的一种潜在的可能性,信息科技风险就是该威胁发生的可能性与其造成损失的乘积。

(2)从技术角度给出偏技术化的定义。如美国国家标准技术机构(National Institute of Standards and Technology,NIST)指出,信息科技风险是指对信息系统脆弱部位的有意或者无意的攻击,及其对组织可能造成的损失。与信息科技相关的风险主要是由于非授权的信息披露、验证和信息损坏,无意或者故意泄露信息,以及其他人为的或者自然的因素等原因引起。

(3)从应用角度给出偏重于管理的定义。如国际信息系统审计协会(ISACA)对信息科技风险的定义:信息科技风险即组织内使用、获取、操作、参与、应用信息科技所造成的业务风险。

中国银行业监督管理委员会指出,信息科技风险是指信息科技在商业银行运用过程中,由于自然因素、人为因素、技术漏洞和管理缺陷产生的操作、法律和声誉等风险。从国内银行业信息科技风险管理实践来看,中国银行业监督管理委员会关于信息科技风险的表述更具体,更贴近中国银行业信息科技风险管理的实际情况。

2. 信息科技风险的分类

业界从多种角度对信息科技风险进行了分类,包括日常管理领域、风险来源、风险影响的对象和风险对组织的影响等。按信息科技日常管理领域可划分为开发风险、运维风险、信息安全风险、外包风险、业务持续性风险等。按信息科技风险来源可划分为自然原因导致的风险、系统风险、管理缺陷导致的风险、人员违规操作引起的操作风险四类。按信息科技风险影响的对象可划分为数据风险、运行平台风险、物理环境风险三类。按信息科技风险对组织的影响可划分为安全风险、可用性风险、绩效风险、合规风险四类。

3. 信息科技风险的特点

当前,银行业信息科技风险特点及发展趋势主要表现为专业性强,复杂程度高,影响范围广,破坏性加强,突发性和隐蔽性强,应急处置难度增大,同时,新技术运用产生了新的风险。

银行业信息科技特点及其风险管理的重要性主要体现在:银行业务高度依赖信息科技,系统环境日益复杂,业务与信息科技不断融合,外部性特点显著,信息科技对银行业运行和金融稳定有着特殊的重要性,信息科技风险不仅关系银行业务经营,关系消费者资金安全,更关系国家金融安全与社会稳定。

银行业信息科技风险管理的特殊性主要体现在:风险因素复杂,不确定性突出,损失难以计量,影响范围广,风险外延性广,风险层级多。如何更好地实现对信息科技风险的管理,需要一个契合信息科技风险基本特征的框架,在该框架下,信息科技风险的特殊性都能够被有效考虑,并能持续优化。

(二)银行业信息科技风险管理发展现状

银行业经过多年的探索实践,信息科技风险管理框架、技术保障体系建设、业务连续性管理、外包管理都取得明显的进步，生产系统稳定性不断增强。主要体现在：

1. 初步建立信息科技风险管理体系。我国大型银行业金融机构正在逐步完善信息科技风险管理制度、建立健全信息科技管理组织体系和信息科技风险管理体系，并将信息科技风险管理纳入银行总体风险管理框架。个别银行已开始探索科学化、体系化的信息科技风险识别、监测和处置方法。

2. 信息安全技术保障日趋完善。银行业金融机构已制定了信息安全架构和等级化保护标准，明确分级保护策略及等级保护管理流程，细化物理、系统、网络、应用及数据的安全技术措施，完善信息系统需求、设计、开发、测试等环节的安全评估机制，建立了等级化的信息安全技术纵深保障体系。

3. 信息系统稳定性不断增强。我国银行业金融机构高度注重基础设施投入，加强信息系统开发管控、系统测试管理、系统运维标准建设和生产安全管理，信息系统生产运行的稳定性不断提升，领先银行的信息系统可用性总体保持在99.9%以上。

4. 逐步重视业务连续性管理。大多数银行业金融机构已意识到信息系统运行的稳定性对日常业务运营和管理的影响，开始着手建设并完善业务连续性管理和外包管理，包括制定全行范围的业务持续性计划，建立供应商准入、服务过程管理及退出机制，业务持续性和外包管理能力不断增强。另一方面，大型商业银行已推进“两地三中心”建设，业务应急与技术应急协调能力不断增强，银行业与电力、公安等部门协调机制不断强化，突发事件应急能力不断提升。

（三）我国银行业信息科技风险管理存在的不足

1. 对信息科技风险认识尚不到位。银行业金融机构仍然存在重信息科技建设、轻信息科技风险管理；重信息系统开发、轻信息系统运行；重眼前业务发展、轻长期科技发展规划等问题，缺乏对信息科技风险的持续关注和统筹安排。

2. 信息科技管理框架的风险导向仍显不足。信息科技风险防范重要性日益凸显，我国部分银行已在内部初步建立了规范化的信息科技开发和运维体系以规避风险，但是能够基于以风险为导向的理念开展信息科技风险管理工作的银行较少，缺乏明确的风险偏好与风险容忍度，尚未建立体系化的涵盖风险识别、评估、应对、监测、计量等的风险管理框架。造成上述现状的原因是多方面的，但缺乏能够与银行业特点密切结合的风险管理理论和框架是其重要原因之一。国际上虽然有信息科技风险管理的相关理论，但多为通用的方法论而并非针对银行业，因此还不能够直接被国内银行采用以构建有效的银行业信息科技风险管理体系。

3. 信息科技风险管理机制仍不完善。我国银行业信息科技风险管理机制仍不完善,存在信息科技风险汇报路线和决策机制不明确,专业从事信息科技风险管理的人员不足等问题。少数银行即使已经建立起信息科技风险管理的专门组织机构,但信息科技风险管理制度和流程的完整性亦存在不足,缺乏清晰的人员岗位角色、有效的汇报和沟通机制等。

4. 缺乏有效的信息科技风险管理工具。现有信息科技风险管理理论阐述了信息科技风险的控制和应对,但其往往侧重于提供一套行业通用的方法论和工具,并未对银行业信息科技风险特点,如风险资本计量的方式进行探讨和研究。而银行全面风险管理理论对控制信息科技风险的具体方法手段阐述较少。因此,制定一套既适用于银行业,又能够兼顾信息科技风险管理和风险计量要求的信息科技风险管理框架体系十分必要。

三、银行业信息科技风险与操作风险及全面风险管理的关系

银行业对风险的认识是伴随银行业市场的发展而发展的,巴塞尔委员会出台银行业风险的各项监管协议过程大致反映了这一发展历程。在银行业,主要类型的风险管理发展先后次序为信用风险、市场风险、操作风险,风险管理逐渐由单一的信用风险向信用风险、市场风险、操作风险以及全面风险管理转变。

在巴塞尔新资本协议关注的信用风险、市场风险、操作风险三大风险中,信息科技风险仅仅被默认为操作风险的一部分,巴塞尔委员会并未对信息科技风险的管理进行特别关注,或提出任何具体要求。鉴于巴塞尔新资本协议对银行业的深远影响,银行业对风险的统一认识和管理理论目前还未体现出对日益突出的信息科技风险的特别考虑,从信息科技风险管理的重要性和特殊性出发,这已引起了多个银行业监管机构和银行的注意和重视,许多银行从汇报路线、管理框架等多方面为信息科技风险设置了专门的管理体系,以弥补新资本协议框架对信息科技风险考虑不足的问题。

(一)信息科技风险与其他操作风险的比较

1. 信息科技风险与其他操作风险的差异

信息科技风险与操作风险当前处在不同的发展阶段，其管理理论、管理方法等方面有着一定的差异性，具体体现在：

(1)管理体系

操作风险的管理方法在新资本协议提出后得到不断的完善和发展，其管理流程包括风险识别、风险评估和量化、风险管理和风险转移、风险监测和风险报告五个环节。它依托于KRI(关键风险指标体系)、RCSA(风险与控制自评估)和损失数据库三大管理工具，使用风险控制自评估工具进行风险的识别与评估，使用关键风险指标对风险水平进行持续监测和预警，使用损失数据对风险损失持续地跟踪、分析，并结合这些工具的输出结果进行风险计量。操作风险管理通常依赖各业务条线内部管理，管理的具体标准和方法随着业务流程的特点不同而不同，还未形成每类业务普适性的标准化管理和控制规范。

信息科技风险管理的理论和方法论历史相对久远，经历了技术导向的信息安全管理方法、控制导向的内部控制方法等发展阶段，在最近几年，特别是COSO框架提出以后，开始进入风险导向的信息科技风险管理阶段。其中，技术导向和控制导向的风险管理体系，以及以风险为导向的识别、评估和应对的风险管理体系均相对比较成熟，但是在风险的监测、计量方面尚不成熟，缺乏独立的信息科技风险监测和计量的理论、方法和工具支持。

(2)管理方法

操作风险管理方法通常是从银行的业务运营和管理角度梳理与流程、人员和系统相关的风险，在具体执行中通常是将银行按照八大业务条线进行分解，分析各业务条线在每一个流程环节上面临的操作风险以及现有的风险管理措施，并找出存在风险管控缺陷和不足的领域，进而确定应该采取的管理措施及其先后顺序。

信息科技风险管理同样关注业务流程中的信息科技风险，也会在业务流程梳理的过程中识别与信息科技相关的风险点和控制点，评估风险的级别以及控制的有效性。但是，信息科技风险的特殊性在于除了需关注上述业务经营和管理的流程风险外，信息科技治理层面以及具体信息技术层面的风险也是其重要风险因素，涵盖了信息科技治理架构以及包括信息安全、系统开发和测试、系统运行维护等具体的信息技术领域。这些信息科技管理领域中存在的信息科技风险区别于业务流程层面的信息科技风险，对于这部分信息科技风险，很难使用一般操作风险的方法进行管理，在目前银行业界的实务管理中也是通过一套相对独立的信息科技风险管理方法论进行管理。

(3)损失特点

一般操作风险往往是基于业务条线和业务流程角度进行考虑的,因此风险的损失可以与该业务条线的资金敞口、收入、利润等因素建立起直接的联系。这类操作风险损失一般表现为资金损失或资金风险敞口,易于用货币金额衡量。

信息科技风险通常不产生直接的风险损失,而是间接地通过业务流程、人员等因素而最终导致资金、业务、声誉、合规等方面的损失,通常情况下信息科技风险损失往往难以使用货币金额方式进行表示。

(4)风险计量

操作风险资本计量方法经多年研究已基本成熟,其主要计量方法包括基本法、标准法和高级法。操作风险基本法下和标准法下的风险计量结果体现为银行业务收入的一定百分比。操作风险高级法下,风险资本计量以具体的损失事件为计量基础,兼顾风险的定性分析、情景分析等结果计量信息科技风险。常见的高级法包括打分卡法、内部计量法、损失分布法、情景分析和极值理论等。

信息科技风险的计量方法还处于探索和讨论阶段,理论层面的发展尚不成形,目前尚缺乏有效计量信息科技风险资本的方法。在信息科技风险管理理论中,风险计量停留在通过风险评级并直接对应资金的简单赋值阶段。随着操作风险管理的逐步成熟,银行也开始探索使用操作风险计量方法计量信息科技风险,但遇到诸多挑战。

2. 当前面临的问题

随着行业发展和技术进步,在操作风险模式下管理信息科技风险也存在一定的困难。

(1)目前的操作风险管理方法难以实现对信息科技风险的有效管理

操作风险的管理主要依赖业务流程风险控制及RCSA、KRI、LDC等工具的有效实施,对信息科技风险有针对性的管理方法涉及较少,并难以兼顾信息科技风险的专业技术特性。除与业务流程直接相关的信息科技风险外,信息科技风险管理的另一个重要基础是有效识别信息科技管理本身的风险,并通过相关管理模型和体系有效控制其风险,这部分信息科技风险管理也有较为完善、成熟的先进理论和标准支持(如COBIT,Risk IT等业界标准框架),业界也积累了丰富的实践经验,可针对信息科技风险的特点开展有针对性的风险管理。

(2)操作风险资本计量方法难以计量信息科技风险

首先,在操作风险基本指标法下和标准法下,风险资本计量的结果体现为银行业务收入的一定百分比。在这两种计量方式下,相对于最终的资本计量而言,银行对信息科技的依赖程度,以及对信息科技风险的管理水平,几乎没有任何敏感性。换言之,风险监管资本计量未能充分考虑信息科技风险因素,信息科技风险的高低与最终的风险资本计量结果没有必然关系。在这两种计量方法下,对任何两家银行,无论其中一家银行信息科技风险出现过多么大的问题(如屡次发生系统中断、客户数据泄露)而另一家银行信息科技风险管理是多么的稳健(如5年内未出现任何重大事故),只要其收入相同,最终计量的风险资本是完全一样的。

其次,在操作风险的高级计量方法下,风险资本计量以具体的损失事件为计量基础,兼顾风险的定性分析、情景分析等结果进行风险计量。常见的高级计量法包括打分卡法、内部计量法、损失分布法、情景分析和极值理论等。由于信息科技风险损失间接性和难以计量的特性(如系统中断1小时,其损失金额会随不同情景和假设条件变化很大),在操作风险高级计量的应用实践中,信息科技风险的计量一直存在非常大的困难。因此在高级计量法下,信息科技风险造成的损失及其相应的监管资本究竟有多少,是银行业未来进行信息科技风险资本计量应重点探索的领域。

(二)独立管理信息科技风险的意义

将信息科技风险从操作风险中拆分并独立管理,能更有效地管理信息科技风险,具体体现在:

1. 独立管理有助于正确认识信息科技风险的重要性

当前银行业信息科技飞速发展,信息科技的基础设施作用使信息科技风险可能产生全局性影响,信息科技风险已经成为银行业的重要风险之一。目前,信息科技风险在全面风险管理、操作风险管理中所处的地位,与信息科技风险对银行业的重要作用和地位不相匹配,现有的操作风险管理体系还没有全面覆盖信息科技风险的内涵。将信息科技风险独立管理,有助于银行正确认识信息科技的价值和信息科技风险的重要性,建立对信息科技风险恰当的风险管理态度,加快建立信息科技风险的管理体系和机制,建立系统化的风险识别、监测、评估与控制方法。同时,也有助于监管部门进一步理顺信息科技风险监管与其他风险监管的关系,并在监管体系设计、监管策略、监管资源配置等方面相应规范。

2. 独立管理能更有效地控制信息科技风险

独立管理信息科技风险，可在操作风险管理理论的基础上，进一步深入、持续推进信息科技风险管理理论研究，针对信息科技风险的技术性、专业性特点，建立有针对性的信息科技风险管理框架，开发管理工具，确保更加有效地管理银行信息科技风险。独立管理信息科技风险，可以根据信息科技风险特点开发更准确反映信息科技风险状况的风险资本计量模型，对信息科技风险的计量将更加精确，并从资本角度有效地推动信息科技风险管理的改善。

（三）信息科技风险管理在全面风险管理中的定位

1. 从信息科技风险的重要性来看，目前新资本协议框架下的全面风险管理体系，并未对信息科技及由此产生的信息科技风险给予必要的重视。

2. 从信息科技风险的特殊性来看，信息科技风险的诱发因素复杂、不确定性突出、风险影响范围广、损失难以计量、风险的外延性突出，与信用风险、市场风险、操作风险等其他风险相比，在风险成因、传导机制和表现上有着显著的差异性。

3. 从信息科技风险管理理论实践来看，信息科技风险管理理论经过三十多年的发展，具备一定的理论基础，信息科技管理各领域的控制规范相对成熟，管理方法自成体系，信息科技风险完全具有从操作风险管理体系中提出来被单独管理的基础。

4. 从信息科技风险和操作风险比较分析上看，信息科技风险和一般操作风险在管理体系、方法、损失特点和风险资本计量等方面有诸多差异，使用操作风险管理理论来管理信息科技风险，遇到了管理和计量等多方面的挑战。独立管理信息科技风险不仅可以提升对信息科技风险的重视程度，推动银行业对信息科技风险给予与其重要性相匹配的风险管理态度，也助于银行业持续深入研究信息科技风险管理理论，使用专业化的管理方法，更加有效地管理信息科技风险。

5. 独立管理信息科技风险也具备可行性，信息科技风险管理理论发展历史悠久，众多研究机构、大学、银行监管机构、银行等金融机构也都在信息科技风险管理理论、模型和方法等方面不断进行探索，对信息科技的风险管理可参考技术保护、资产保护、内部控制、风险管理等众多研究方法，无论从理论角度，还是从实践角度来看，建立适合银行实际情况和科技发展程度的风险管理框架都具备可行性。

基于上述论述,建议将银行业信息科技风险独立管理和计量,其在全面风险管理中的定位如图1所示。

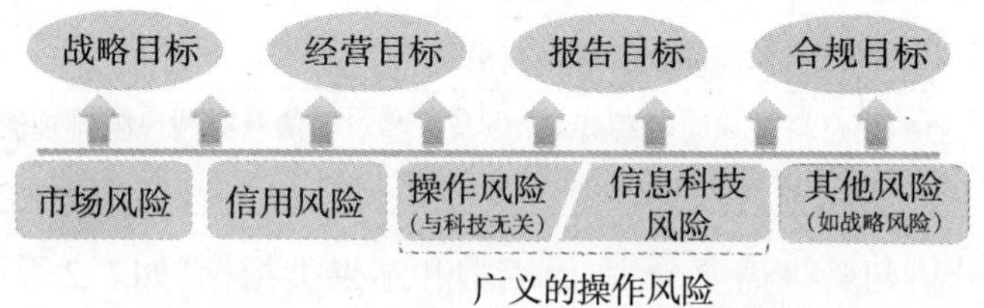

图1　银行业信息科技风险在全面风险中的定位

针对独立管理信息科技风险的设想,银行业可以考虑对操作风险定义和管理范围进行调整,并相应调整内部的风险管理体系和组织机制,并由此影响到监管体系的调整。同时,考虑通过信息科技风险独立的资本计量形式,促进银行业对信息科技风险管理的关注,且信息科技风险损失应与操作风险损失明确划分,避免损失重复计算。

四、信息科技风险核心监管指标

(一)信息科技风险核心监管指标的概念和分类

1. 信息科技风险核心监管指标的定义

信息科技风险指标的主要意义在于有效识别和评估银行的信息科技风险状况,并能够代表风险的变化情况。设置和使用信息科技风险核心监管指标,可以从监管角度动态监测信息科技重要风险状况,有效评估银行业风险管理水平,合理配置监管资源,及时采取监管措施,并可运用于信息科技风险资本计量。本文结合核心监管指标发挥的作用,将信息科技风险核心监管指标定义为"是对银行业实施信息科技风险监管的基准,是评价、监测和预警银行业重要信息科技风险状况和风险管控能力的指标体系"。

2. 信息科技风险监管指标的类型

参照国内外在理论和实践上对风险指标的分类,信息科技风险核心监管指标也可进行多种划分。

(1)按照指标监管对象类型分为:损失(滞后)指标、过程(同步)指标和环境(先行)指标(如表1所示)。

表1　按监管对象划分

损失指标	实际已经发生的信息科技风险损失，反映风险暴露情况。
过程指标	用来描述和监测流程的操作质量。
环境指标	监测信息科技风险管理环境，以及一些对于信息科技风险管理流程具有关键影响和支持作用的因素。

(2)按风险分析与管理需要分为:原因类和结果类指标(如表2所示)。

表2　按风险分析与管理需要划分

原因指标	侧重分析风险发生原因，以此来预测风险事件发生的可能。 通过对银行风险管控措施执行有效性的监控来预测风险。
结果指标	监控与风险事件直接相关的内容，以达到对风险事件发生后及时获知的目的，如信息安全事件数。

(3)按指标衡量的风险因素分为:固有风险和剩余风险指标(如表3所示)。

表3　按指标衡量的风险因素划分

固有风险指标	不考虑风险管控措施影响的固有（或潜在）风险的衡量指标。
剩余风险指标	相应管控措施执行后，固有风险得到缓释后的剩余风险的衡量指标。

(4)其他监管风险指标分类

按指标所属的领域和流程,对指标进行相应的分层,如按照主要的领域—流程—子流程。按实际的操作需要进行分级,如按照重要性分为核心指标、一级指标和二级指标。

(二)信息科技风险核心监管指标的构建

在重要性、一致性、系统性、代表性、可操作性和开放性原则下,以信息科技风险评估结果为基础,参考监管战略和目标、监管制度和政策、历史损失和事件、利益相关者需求、指标特征等因素,构建信息科技风险核心监管指标。信息科技风险核心监管指标可以是量化指标,如信息系统可用率,也可以是偏重定性的指标,如信息科技风险组织架构的合理性等;可以是客观的,如灾备系统覆盖率,也可以是主观评价型的,如信息科技组织架构成熟度等。

1. 信息科技风险核心监管指标的构建步骤

信息科技风险核心监管指标的构建过程一般分为五个步骤，关键风险和控制识别、风险指标识别、关键风险指标筛选、指标定义及数据收集程序、指标监测及报告，如图2所示。

图2　信息科技风险核心监管指标的构建步骤

2. 信息科技风险核心监管指标的构建过程

采用监管目标导向和基于过程控制管理的方法识别和构建信息科技风险核心监管指标。

(1)以监管目标为导向的信息科技风险核心监管指标分析

信息科技风险监管具体目标包括业务连续性、信息安全、公众满意度、合法合规等方面，从监管具体目标出发，运用风险源分析方法，逐层逐级推导出指标，分析流程如图3所示。

银行业信息科技风险事件可以归属到信息系统连续性或安全性引致，与风险监管目标相一致；同时，在银行业经营和信息科技风险管理过程中，其行为和操作是否符合国家法律法规和相关监管要求，是监管部门实施监管的重要目标。

由于各银行的业务范围大小不一，信息科技风险具体监管目标虽然在一定程度上可以直接反映银行信息科技风险管理的成果，但却存在固有的局限性，即对数量级的指标，难以反映不同规模银行的实际信息科技风险管控水平。例如，经营规模大、业务量高的银行往往在事件发生的次数上会较规模小、业务量低的银行多。

为保证信息科技风险核心监管指标的可操作性，在指标设计中，考虑引入反映银

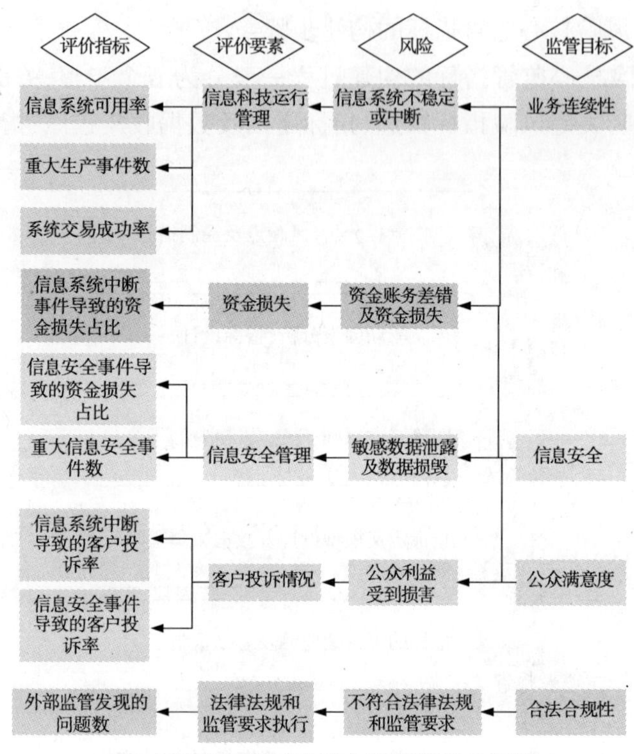

图3 信息科技风险核心监管指标分析图

行规模的环境变量,统计银行的资产规模、网点数量、应用系统数量、业务量和交易金额,对上述数量级指标进行相应的调整。

(2)基于过程控制管理的信息科技风险核心监管指标分析

从监管角度看,结果性指标的特性是不随主客观因素或风险管控措施存在而存在的。如一家信息科技风险管控水平差的银行所发生的风险事件次数,可能反而低于一家风险管控水平好的银行。同时,结果性指标不足以有效揭示银行业在实际信息科技管理过程中出现的风险,也不能提前进行风险提示和预警。因此,在对生产事件数等结果性指标进行监控的同时,还需要补充反映银行信息科技风险管控能力的核心监管指标,弥补结果类指标自身的局限性,以便于有效、合理评估银行业的信息科技风险水平。

参照银监会《商业银行信息科技风险管理指引》要求,信息科技风险领域划分为信息科技治理、风险管理、业务连续性、信息科技运行、信息系统研发测试维护、信息安全、内外部审计、外包等八个领域。基于过程控制管理选取的监管过程指标如表4所示。

表4　　信息科技风险监管指标表

领域名称	过程控制性指标
信息科技治理	信息科技战略完备性
	信息科技组织架构完备性
	科技制度规范完备性
信息科技风险管理	信息科技风险评估有效性
信息科技运行	监控系统覆盖率
	重点生产问题解决率
	生产变更审核率
信息安全	信息安全防护有效性
信息系统开发、测试与维护	应用研发测试质量
业务连续性管理	业务连续性计划演练覆盖率
	灾备系统的覆盖率
外包	外包集中度
	外包依赖度
内外部审计	外部审计问题整改完成率

3. 监管指标的权重分析

不同指标在信息科技风险监管中的重要程度不尽相同，因此应根据具体情况对不同的指标赋予适当的权重，以表明其重要性。同时，不同指标的权重大小应随着银行信息科技风险的变化和监管的重点与难点的变化而适时作出调整。

指标权重的确定方法可分为主观赋权法和客观赋权法。主观赋权法是根据主观上对各指标的重要程度理解来决定权重的方法，如Delphi方法；而客观赋权法就是根据各指标间的相关关系或各指标值的差异程度来确定权重，如主成分分析法、熵值法、层次分析法和相关系数法等。建议将多种赋权方法组合使用，即以Delphi法通过反复征求专家意见得到不同监管指标权重的初值，再通过层次分析法根据各指标权重的相对重要性构造判断矩阵，计算出各层次指标的组合权重，最后利用熵值法对得到的组合权重进行修正。

（1）层次分析法（AHP法）

层次分析法(Analytic Hierarchy Process)是一种定性和定量相结合、系统化的、层次化的分析方法。层次分析法的基本步骤如图4所示。

层次分析法运用专家的知识、经验、信息和价值观对同一层次有关因素的相对重要性进行两两相互对比，反映的是人们对定性因素的比较判断。对比时采用相对尺

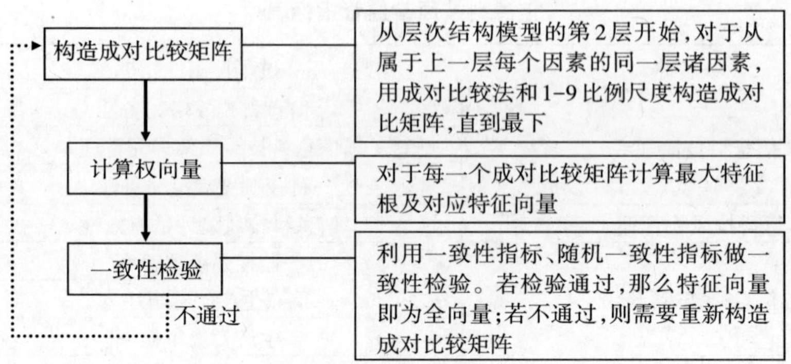

图4　AHP基本步骤

度，以尽可能减少性质不同的指标相互比较的困难，提高准确度。

令 A 为成对比较矩阵：

$$A=\left(a_{ij}\right)_{n\times n}\ ,\ a_{ij}>0\ ,\ a_{ij}=\frac{1}{a_{ji}}$$

1—9比较尺度如表5所示。

表5　　1—9尺度 a_{ij} 的含义

尺度a_{ij}	含义
1	指标 i 与指标 j 的影响相同
3	指标 i 与指标 j 的影响稍强
5	指标 i 与指标 j 的影响强
7	指标 i 与指标 j 的影响明显的强
9	指标 i 与指标 j 的影响绝对的强
2，4，6，8	指标 i 与指标 j 的影响之比在上述两个相邻等级之间
1，1/2，…，1/9	指标 i 与指标 j 的影响之比为上面的a_{ij}倒数

AHP权重的计算方法

步骤一，将 A 的每一列向量归一化得：$\overline{w_{ij}}=\dfrac{a_{ij}}{\sum_{i=1}^{n}a_{ij}}$；

步骤二，对 $\overline{w_{ij}}$ 按行求和得：$\overline{w_i}=\sum_{j=1}^{n}\overline{w_{ij}}$

步骤三，将 $\overline{w_{ij}}$ 归一化 $w_{ij}=\frac{\overline{w_i}}{\sum_{i=1}^{n}\overline{w_i}}$，其中 $\sum_{i=1}^{n}\overline{w_i}=n$，则 $W=(w_1,w_1,\cdots,w_n)^T$ 即为近似特征向量；

步骤四，计算 $\lambda=\frac{1}{n}\sum_{i=1}^{n}\frac{(AW)_i}{w_i}$，作为最大特征根的近似值；

步骤五，一致性检验。将 $CI=\frac{\lambda-n}{n-1}$ 定义为一致性指标。$CI=0$ 时 A 为一致阵；CI 越大 A 的不一致程度越严重。为了确定 A 的不一致程度的允许范围，引入随机一致性指标 RI 作为衡量 A 的一致性指标 CI 的标准。RI 的数值如表6所示。

表6　随机一致性指标 RI 的数值

n	1	2	3	4	5	6	7	8	9	10	11
RI	0	0	0.52	0.90	1.12	1.26	1.36	1.41	1.46	1.49	1.51

对于 $n\geqslant 3$ 的成对比较阵 A，将它的一致性指标 CI 与同阶（指 n 相同）的随机一致性指标 RI 之比称为一致性比率 CR。当 $CR=\frac{CI}{RI}<0.1$ 时认为 A 的不一致程度在允许范围之内，可用其特征向量作为权向量。

（2）熵值法

信息论中的信息熵是表示信息无序度的度量，信息熵越大，信息的无序化程度越高，其信息的效用越小；反之，信息熵越小，无序化越低，信息的效用越大。将熵值法的基本原理应用到指标，单项所形成的时间序列数据的差异程度越大，则提供的信息量越大，那么就应赋予较大的权重，如果某项指标的指标值全部相等，则该指标在综合评估中不起作用。因此，可以根据各项指标的变异程度，利用信息熵这个工具，计算各指标权重，为多指标综合评估提供依据。

如果某一风险监管指标对于同一级其他指标差异程度较小，这说明该风险指标评估银行风险状况或风险监管能力的作用也较少，而对应的信息熵较大；风险指标差异程度的大小反映了该指标在整个风险监管指标体系中的地位，而风险指标差异程度的大小又完全可以用“信息熵”反向度量。因此，可以根据风险指标差异程度，以信息熵为工具，给各风险指标赋予恰当的权重，从而进行多指标的风险评级。熵值法的基本步骤如图5所示。

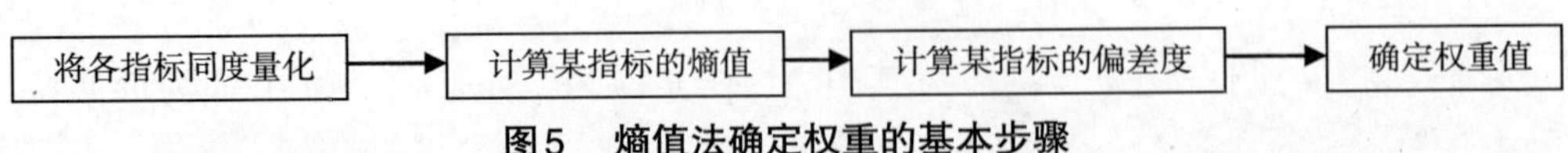

图5　熵值法确定权重的基本步骤

(3)两种权重计算方法的比较

AHP基于专家群体的知识、经验和价值判断,并且对专家的主观判断做了进一步数学处理,具有一定科学性,但专家经验、知识的局限性等主观因素仍未被消除。由该方法确定的权重是指标自身的权重,属主观权重,且层次分析法在对指标进行比较的时候,一般只适合少于7到8个指标的两两比较,如果超过8个,则很难保证一致性,或与其他计算方法得到的权值相差很大。

熵值法的优点在于该方法最大限度地利用了样本数据自身的信息特征来计算各目标的权系数,克服了目前风险评级中的风险指标主观赋权的权限性,因而是较为客观的权系数赋权方法,但缺乏各指标间的横向比较。

在具备完整样本数据时,宜采用熵值法,并将其结果通过指标之间的横向比较做适当修正。当指标体系含有大量定性指标时,宜采用AHP法。最好是在确定指标权重的过程中,综合利用两种方法进行加权处理。既考虑了主观权重也考虑了客观权重,使得最后的权重更合理。

(4)基于AHP的核心监管指标权重例证

考虑到风险监管指标有多个类别和多个层次的特性,风险监管指标可以采用多级指标形式。在信息科技风险核心监管指标中,将风险领域称为“一级指标”,将风险领域中的监管目标称为“二级指标”,每个一级指标的分值又由其下的多个二级指标加权汇总得出。信息科技风险监管指标如表7所示。

表7　　信息科技风险监管指标表

	一级指标（风险领域）			二级指标（监管目标）			指标说明
	指标1	权重1	分值1	指标2	权重2	分值2	
信息科技风险监管	信息安全	0.15		重大信息安全事件数	0.225		监管银行发生重大信息安全事件情况
				信息安全事件导致的资金损失占比	0.2		监管银行机构由于信息安全事件导致资金损失情况
				信息安全事件导致的客户投诉率	0.175		监管银行机构由于信息安全事件导致客户投诉情况
	生产运行	0.2		信息系统可用率	0.25		监管银行机构生产系统的主要业务时段对外服务的可用性和稳定性情况
				…	…	…	…

如"信息安全"一级领域权重的选取，其下3个二级指标的相对权重性构成的成对比较矩阵如下：

$$A=\begin{bmatrix}1 & 2 & 6\\1/2 & 1 & 4\\1/6 & 1/4 & 1\end{bmatrix}\xrightarrow{\text{列向量归一化}}\begin{bmatrix}0.6 & 0.615 & 0.545\\0.3 & 0.308 & 0.364\\0.2 & 0.077 & 0.091\end{bmatrix}\xrightarrow{\text{按行求和}}\begin{bmatrix}1.760\\0.972\\0.268\end{bmatrix}\xrightarrow{\text{归一化}}\begin{bmatrix}0.587\\0.324\\0.089\end{bmatrix}=w$$

$$Aw=\begin{bmatrix}1.769\\0.974\\0.268\end{bmatrix},\quad \lambda=\frac{1}{3}\left(\frac{1.769}{0.587}+\frac{0.974}{0.324}+\frac{0.268}{0.089}\right)=3.009$$

因为 $CI=\frac{\lambda-n}{n-1}=\frac{3.009-3}{3-1}=0.0045$，$CR=\frac{CI}{RI}=\frac{0.0045}{0.58}<0.1$。

所以，通过一致性检验，特征向量 $w=(0.587,0.324,0.089)^T$ 即为所求的权向量。例如，结合监管部门对"信息安全"这个一级领域的分析，选取"重大信息安全事件数"以及"信息安全事件导致的客户投诉率"作为"信息安全"领域的关键监管指标。

(三)信息科技风险核心监管指标设计

根据风险监管指标构建过程分析，设计出若干风险监管指标，并筛选、剔除风险敏感性不高、系统性、整体性不强的指标。同时，为保证监管对象的集中，核心监管指标数量应限制在一定级别。通过综合应用AHP、熵值和Delphi方法，设计出的信息科技风险核心监管指标如下：

1. 结果性监管指标(见表8)。

表8　　结果性监管指标

序号	风险监管指标	统计逻辑	指标属性	指标释义	所属领域
1	信息系统可用率(涵盖核心业务系统、网银、ATM等系统的单项可用率)	1-∑((1-单项业务主要业务时段可用率)×业务重要性权重)/业务重要性权重和	结果性	选取10-15个重要信息系统，指支撑重要业务，或对银行经营管理具有重要意义的重要信息系统，主要包括面向客户、涉及账务处理且时效性要求较高的业务处理类、渠道类和管理类信息系统。包括核心业务系统(含信贷、结算、客户信息等)、渠道类系统(网银、前置、电话银行、手机银行等)和决策支持类系统(数据仓库、风险管理系统)等。	信息科技运行
2	重大生产事件数	当月各类别重大生产事件统计数	结果性	参照《银行业重要信息系统突发事件应急管理规范(试行)》、《银行、证券跨行业信息系统突发事件应急处置工作指引》相关规定，等级在三级及以上的生产故障事件。	信息科技运行
3	系统交易成功率	成功的交易笔数/提交的交易总笔数	结果性	交易是否成功以最终对客户服务的交易为标准统计。	信息科技运行
4	重大信息安全事件数	重大信息安全生产事件总数	结果性	参照《银行业重要信息系统突发事件应急管理规范(试行)》、《银行、证券跨行业信息系统突发事件应急处置工作指引》相关规定，等级在三级及以上的信息安全事件。	信息安全

续表

序号	风险监管指标	统计逻辑	指标属性	指标释义	所属领域
5	信息系统中断事件导致的资金损失占比	信息系统中断事件导致的资金损失/全部事件导致的资金损失	结果性	指因信息系统中断原因产生的直接或间接资金损失，包括根据一定方式计算出的客户流失、贡献值等间接损失。	信息科技运行
6	信息安全事件导致的资金损失占比	信息安全事件导致的资金损失/全部事件导致的资金损失	结果性	指因信息安全事件原因产生的直接或间接资金损失，包括根据一定方式计算出的客户流失、贡献值等间接损失，以及信息泄露等导致的损失，不包括能通过参数调整、冲销交易或追回的损失。	信息安全
7	信息系统中断导致的客户投诉率	信息系统中断事件导致的客户投诉/全部客户投诉	结果性	指因信息系统中断原因引起的客户投诉，包括因程序问题扣款错误、批量计息错误、因系统原因吞卡等的客户投诉。	信息科技运行
8	信息安全事件导致的客户投诉率	信息安全事件导致的客户投诉/全部客户投诉	结果性	指因信息安全原因引起的客户投诉，包括因程序问题扣款错误、批量计息错误、因系统原因吞卡等的客户投诉。	信息安全
9	外部监管发现的问题数	外部监管发现的问题总数	结果性	专指银监会等监管机构通过非现场、现场和第三方检查，或其他监管手段、技术发现的问题。	内外部审计

2. 过程控制性监管指标（见表9）。

表9　　过程控制性监管指标

序号	风险监管指标	统计逻辑	指标属性	指标释义	所属领域
1	信息科技战略完备性	信息科技战略完备性	过程性	反映科技战略的完整性、与业务的适应性，对科技可持续发展的指导性。	信息科技治理
2	信息科技组织架构完备性	组织架构完整性	过程性	组织架构不完备，相关政策法规难以落实。	信息科技治理
3	科技制度规范完备性	科技制度规范完备性	过程性	反映科技制度规范的完整性、科学性和可操作性。	信息科技治理
4	信息科技风险评估有效性	信息科技风险评估的有效性	过程性	风险管理评估的方法、手段是否有效，是否能及时识别、监测并准确地分析相应的风险。	信息科技风险管理
5	监控系统覆盖率	利用监控工具对系统运行环境、运行状况等进行实时监控的信息系统数/信息系统总数	过程性	监控工具能监控到信息系统环境运行情况，能进行预警的信息系统才纳入到覆盖范围内。	信息科技运行
6	重点生产问题解决率	解决的重点生产问题数/重点生产问题总数	过程性	问题解决不彻底，解决率不高，风险可能重复。	信息科技运行
7	生产变更审核率	经过审核的生产变更/生产变更总数	过程性	生产变更未经审核直接实施，易引致操作风险。	信息科技运行
8	信息安全防护有效性	各类信息安全技术、管理措施执行有效率的加权汇总	过程性	安全防护性低，生产办公设备容易遭受外部攻击，导致信息泄密。	信息安全
9	应用研发测试质量	生产中发现的问题/项目规模	过程性	研发测试质量下降，容易导致生产事件。	信息系统开发、测试与维护

续表

序号	风险监管指标	统计逻辑	指标属性	指标释义	所属领域
10	业务连续性计划演练覆盖率	在演练周期内组织进行过的业务应急演练的业务类型/业务类总数	过程性	应急演练的方式包括模拟演练和切换演练。演练可按照机房环境、网络、开放平台系统、主机系统、运行作业、数据与应用系统的单项技术领域或组合技术领域组织开展。	业务连续性管理
11	灾备系统的覆盖率	已经建立灾备的应用系统数/应用系统总数	过程性	纳入灾备的信息系统是指已实施应用级、系统级或数据级同城或异地灾备的信息系统。	业务连续性管理
12	外包集中度	外包厂商数/外包选择的厂商总数	过程性	过分依赖外部具体公司，容易造成依赖风险，并导致行业整体风险上升。	外包
13	外包依赖度	外包资源参与的项目数/项目总数	过程性	过分依赖外部具体公司，容易造成依赖风险，并导致行业整体风险上升。	外包
14	外部审计问题整改完成率	整改完成的问题数/外部审计发现的问题总数	过程性	外部审计中发现问题的整改完成率低，各类风险不能得到有效释放。	内外部审计

五、信息科技风险资本计量

(一)信息科技风险资本计量的思路

1. 信息科技风险资本计量存在的挑战

计量信息科技风险可以借鉴当前相对成熟的操作风险的计量方法，但是，直接用操作风险计量方法计量信息科技风险存在挑战，表现如下：一是信息科技风险与总收入、业务交易量、客户数或业务交易金额等指标的关联并不密切；二是大部分信息科技风险的损失不是显性的，除少数信息科技风险事件(如引发客户索赔、延误罚息)有“直接损失”外，大部分信息科技风险事件的影响体现为业务中断、声誉受损等“间接损失”；三是信息科技风险损失数据相对较少，极端严重事件的数据更少，计量“尾部风险”面临挑战。

2. 基于标准法/基本指标法的计量思路

需要确定信息科技风险的“收入”和风险系数，但难以找到与信息科技风险关系非常密切的变量作为“收入”，计量精确性及对风险的敏感度较差。

3. 基于高级法的计量思路

(1)在操作风险的统一计量框架下对信息科技风险这一类型单独计量；

(2)将信息风险损失定义为金额损失和时间损失两个维度，建立时间与金额的转换关系；

(3)从损失数据拟合频率分布和严重度分布，之后整合为总损失分布，根据置信度确定未来一定时期内的非预期损失。之后用内部衡量法对计量结果进行调整。

（二）信息科技风险的计量框架

信息科技风险资本计量框架包括计量标准、计量基础和计量方法，如图6所示。

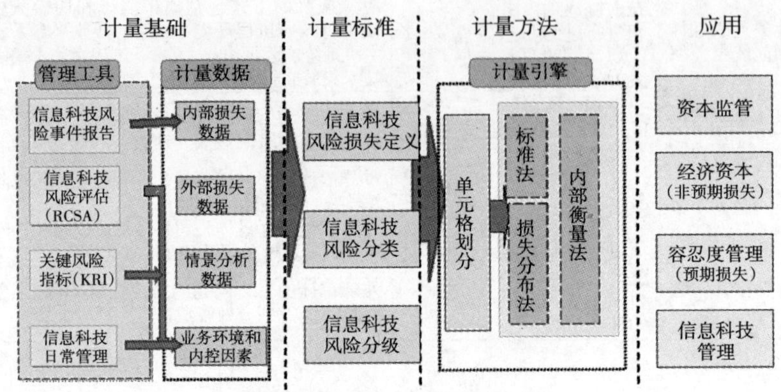

图6 信息科技风险计量框架

通过各管理工具产生计量所需数据，数据通过标准进行规范化处理后，放入计量引擎（通过标准法或损失分布法进行计量），再经内部衡量法进行调整，最后将计量结果付诸应用。从损失金额和影响时间两个维度对信息科技风险损失进行定义，将信息科技风险事件影响时间转化为间接损失金额。

方法一：解析法

信息科技风险事件的间接损失 S 应当是持续时间、影响范围、系统重要性的函数，即 $S=F(X,Y,Z)$，其中，X 为持续时间，Y 为影响范围，Z 为系统重要程度。

具体而言：

$$S(x)=\int_0^x f(t)\mathrm{d}t$$

$$f(t)=a\cdot Y+e(t\cdot Z\cdot Y\cdot B)$$

a 是单位时间单位范围内系统创造利润，B 为系数。

方法二：映射法

根据影响范围和系统重要程度将影响时间加权计算转化为“标准”的影响时间，然后建立标准影响时间与损失金额之间的映射关系，从而确定损失。

步骤一：基于影响范围和系统重要程度，将各类系统中断时间转化为“标准中断时间”。

转换公式为：

$$T=Y\cdot Z\cdot\tau$$

其中，τ 是转化之前的中断时间，T 是转化后的标准中断时间。Y 、Z 分别是影响范围和系统重要程度的调整系数，取值如下：

标准时间与损失金额之间的映射关系（如表10所示）：

表10　标准影响时间与损失金额对应表

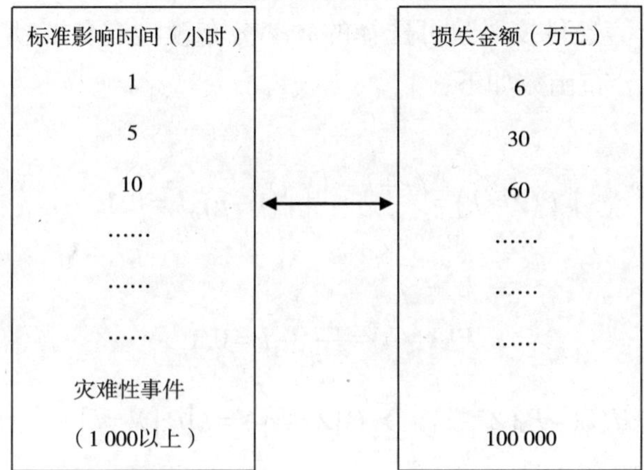

标准影响时间（小时）	损失金额（万元）
1	6
5	30
10	60
……	……
……	……
……	……
灾难性事件（1 000以上）	100 000

（三）信息科技风险资本计量方法

1. 基于标准法的计量方法

标准法计量的基本思路是用风险暴露乘以风险系数，在操作风险标准法计量中，用各业务条线的收入作为风险暴露，β 系数由监管机构规定。在信息科技风险资本计量中，风险暴露和系数采用以下方式确定。

（1）信息科技业务风险暴露的计量方法

因为信息科技业务本身不产生收入，所以用其他风险暴露指标来代替收入，如用信息科技投入的成本作为计量的基数。

（2）信息科技风险 β 系数的确定方法

通过对银行业整体进行分析，统计一段时期内银行业发生的信息科技风险总额，将这一总额与当前银行业总体的信息科技“收入”相除，由此确定 β 系数。

为更精确计量，可以根据银行信息科技风险评定等级，为各级别的银行分别测算 β 系数；或者根据关键风险指标来调整 β 系数。

2. 基于损失分布法的计量方法

根据信息科技风险事件损失数据库（包含外部数据及情景分析数据），拟合出信息科技风险的频率分布和严重度分布，再将频率分布和严重度分布整合为总损失分布，在总损失分布中，根据置信度确定未来一定时期内非预期损失的大小。

(1)频率分布的拟合

频率分布是指单位时间内发生信息科技风险事件件数的分布，拟合包括选择分布模型、估计模型参数、检验拟合优度等过程。

经过实证研究，信息科技风险可选择的频率分布模型有负二项分布、泊松分布、复合泊松分布等，其分布函数如下：

负二项分布：

$$P(X=k)=\binom{r+k-1}{k}p^{k}(1-p)^{r},k=0,1,\cdots$$

泊松分布：

$$P(X=k)=\frac{e^{-\lambda}\lambda^{k}}{k!},k=0,1,\cdots$$

复合泊松分布：$H(z)=P_r(Z\leqslant z)=\sum_{k=0}^{\infty}P_r\left[Z\leqslant z|N=k\right]P_r\left[N=k\right]$

(2)严重度分布的拟合

严重度分布是指单件风险事件风险金额的分布，鉴于信息科技风险事件损失具有特殊性，用传统的拟合方法往往结果不理想，提出两种新的拟合方法："混合方法"和"分组拟合"。

"混合方法"是指拟合的目标不是单一的分布函数，而是若干分布函数的组合。根据实证研究，信息科技风险严重度分布可选择的分布模型包括指数分布、对数分布、伽马分布、帕累托分布等，但这些分布单独使用都难以很好地拟合出信息科技严重度，在"混合方法"下，将这些分布加权相加(权重之和为1)，用这个"混合"的模型拟合效果更佳。

"分组拟合"是指将严重度划分若干区间，计算出符合每个区间的事件数量，基于这个信息来对模型的参数进行估计。因为信息科技风险事件难以用一个确凿的具体金额来衡量影响，而估计其影响的大体区间相对容易，用"分组拟合"估计分布参数会更精确。

"混合方法"模型：

$$f(\theta,x)=\sum_{i=1}^{k}\omega_i f_i(\theta_i,x)+l\cdot fi(\theta_i,x)+g\cdot f_g(\theta_g,x)+p\cdot f_p(\theta_p,x)$$

其中：

$$\sum_{i=1}^{k}\omega_i+l+g+p=1,\omega_i,l,g,p>0$$

指数分布：

$$f_i(\theta_i,x)=e^{\frac{-x}{\theta i}}$$

对数分布：

$$f_l(\theta_l,x)=\log normal(\theta_l,x)$$

伽马分布：

$$f_g(\theta_g,x)=gamma(\theta_g,x)$$

帕累托分布：

$$f_p(\theta_p,x)=pareto(\theta_p,x)$$

(3)总(复合)损失的整合

总损失分布由频率分布和严重度分布进行卷积得到,在总损失分布上通过置信度来“截断”,得到非预期损失。

蒙特卡洛模拟和快速傅里叶变换(FFT)是计算卷积的两种常用方法,实证研究表明,FFT计算结果更稳定,效率更高。

3. 风险计量结果的调整

基于损失分布的高级计量法因为受历史损失数据影响,可能对分支机构的信息科技风险反映仍不充分。例如某分行信息科技风险较高,各项指标及自评估结果均不理想,但此前并未发生过严重信息科技风险事件,所以直接计量出的资本可能偏小,不能覆盖其真实风险,这时便需要用内部衡量法对计量结果进行调整。

内部衡量法的思想是将一些关键风险指标和风险评估结果折合成一个调节系数,用这个系数作用于直接计量的资本,增强资本的风险敏感度,内部衡量法也可用于调节标准法的计量结果。

内部衡量法调节系数计算公式示例：

$$\gamma=g(a_1KRI_1+a_2KRI_2+\cdots+a_iKRI_i)+f(b_1RCSA_1+b_2RCSA_2+\cdots+b_kRCSA_k)$$

其中, KRI_i 表示第 i 个关键风险指标的得分, $RCSA_k$ 表示第 k 个信息科技风险评估的得分。并有 $a_1+a_2+\cdots+a_i=1$, $b_1+b_2+\cdots+b_k=1$ ， g、f 是折算系数。

(四)信息科技风险资本计量实例

本文以一家国内省级银行为例计量信息科技风险。该银行下辖601个营业网点,总资产规模1 882亿元,贷款余额760亿元,总收入53.95亿元,员工1.7万人,信息科技系统实现了省域数据集中，目前该银行收集了2009年1月1日至2011年12月31日的信息科技风险事件，正在监测信息科技的关键风险指标，开展了多个领域的信息科技评估。如按照标准法计量信息科技风险，一是风险暴露指标选择FTP定价折算的信息科技总收入，假定为总收入的20%，约10.7亿元，乘以监管系数（假定为15%）为1.6亿元。二是选择信息科技总投入再乘以监管系数。标准法方法相对简单，重点是风险暴露指标和监管系数的确定。本文将重点实证研究使用高级法计量信息科技风险。

1. 风险事件原始数据集

该银行自2009年1月1日至2011年12月31日共收集信息科技风险事件95件。其中，10件事件直接产生了损失金额，85件事件并未造成直接的损失，但在不同范围内造成了对外业务中断（如表11所示）。

表11　　信息科技风险事件原始数据集

序号	机构层级	发现时间	影响时间（小时）	损失金额（元）	序号	机构层级	发现时间	影响时间（小时）	损失金额（元）
1	1	20090730	—	10,000	49	1	20100828	36	—
2	1	20110201	—	10,000	50	1	20090307	32	—
…	…	…	…	…	…	…	…	…	…
47	1	20091209	41	—	95	3	20110514	42	—
48	1	20101215	40	—					

注：机构层级1表示支行/网点范围，2表示地区分行范围，3表示全行范围。

2. 经过转换后的数据集

在该银行收集的95件事件中，85件事件没有损失金额，必须要把其造成的中断时间量化为损失金额。但考虑到系统之间的差异，如个人业务系统和对公业务系统每中断1小时，其造成的影响不同，所以要把实际中断时间转化为“标准”影响时间，再转化为损失金额。

- 实际中断时间转化为“标准”影响时间

按照加权转化法将实际中断时间转化为“标准”影响时间，$t=[c_1 \cdot Y+c_2 \cdot Z] \cdot x$ $0 \leqslant c_1 \leqslant 1, 0 \leqslant c_2 \leqslant 1$。

Y、Z取值如表12所示。

表12　　影响范围和系统重要程度系数表

影响范围（Y）			系统重要程度（Z）	
全国范围	5		非常重要	5
省域范围	3		较重要	3
地区范围	2		重要	2
支行	1		一般	1
网点	1		其他	1

为简单处理，这里 c_1、c_2 都取1。

- 标准影响时间和损失金额的转化（如表13所示）：

表13　　标准影响时间与损失金额之间的映射关系

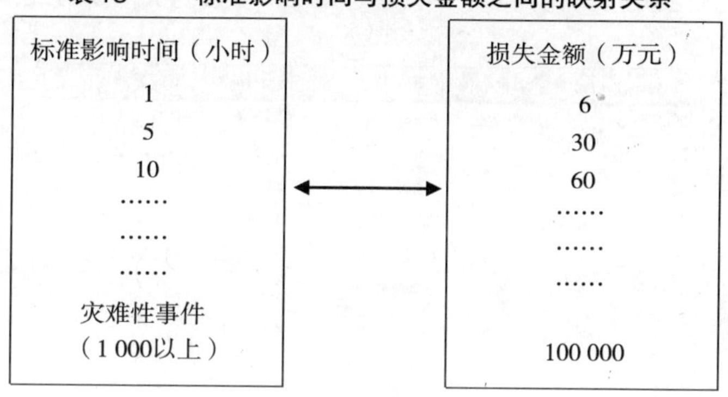

这里假设标准影响时间（T）与损失金额（L）之间的映射关系为：县域支行/网点：$L_1 = 200 \times T_1$；地区范围：$L_2 = T_2 \times 2\,000$；省域范围：$L_3 = T_3 \times 20\,000$，经过转换后的数据集如表14所示。

表14　　经转化后的数据集

序号	机构层级	影响时间（小时）	标准时间（小时）	转化后金额（元）	序号	机构层级	影响时间（小时）	标准时间（小时）	转化后金额（元）
1	1	—	—	10 000	49	1	36	72	14 480
2	1	—	—	10 000	50	1	32	63	12 635
3	1	—	—	108 000	51	1	1	1	200
…	…	…	…	…	…	…	…	…	…
47	1	41	81	16 256	95	3	42	250	2 500 000
48	1	40	79	15 804					

注：机构层级1表示支行/网点范围，2表示地区分行范围，3表示全行范围。

3. 频率和严重度拟合结果

由于数据量相对较少，在本实例中不划分计量单元格，所有的计量数据作为一个整体计量。

• 频率模型参数

信息科技风险数据分别对泊松分布、负二项分布、复合泊松分布等频率模型按周(在计算总损失时再将其转化为年)进行估计，对参数估计结果进行卡方检验，选择卡方检验通过且结果最优的复合泊松分布为该计量单元的频率分布。假设检验结果如图7所示，复合泊松分布(21)的卡方检验值相对最小(01，11是修正的负二项分布和泊松分布，不具备可分性，无法从周转化为年，一般不选取)。参数为 $\lambda_1=0.5128, \lambda_2=0.1799$ 。

fd type	df	CHI_V	CHI_D	p value	maxlik
00	4	9.4877	4.9109(√)	0.2966	-166.2561
01	3	7.8147	2.6076(√)	0.4562	-165.0719
10	5	11.0705	12.5594(X)	0.0279	-169.0125
11	4	9.4877	2.5913(√)	0.6284	-165.06
20	4	9.4877	4.4022(√)	0.3543	-166.0219
21	4	9.4877	3.7647(√)	0.4388	-165.731
22	3	7.8147	3.7985(√)	0.2841	-165.7483

图7　频率拟合结果

虚线表示样本数据，实线表示拟合曲线，从图8可看出严重度分布拟合效果很好。

• 严重度模型参数

考虑到信息科技事件的影响跨度较大，从营业网点的业务中断到支行、二级分行、全行的系统中断严重程度差异很大。把该银行的信息科技风险数据的金额，用分

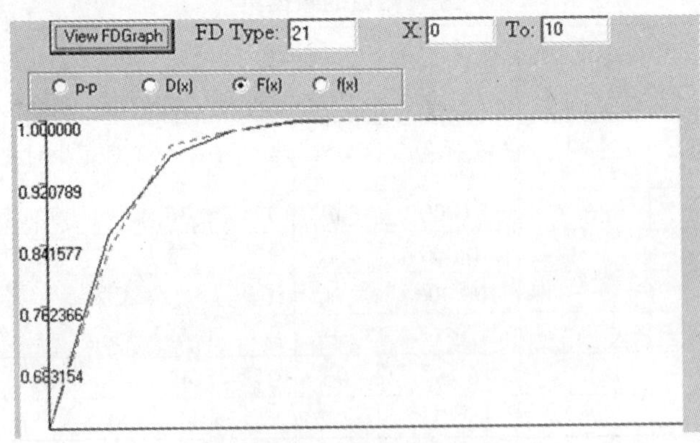

图8　频率拟合结果展示

组计量的方式，分别对混合分布（由指数分布、对数正态、伽马分布、帕累托分布进行混合）进行参数估计。

（1）分组区间

把信息科技风险事件按照金额分为12个区间：[0.0001,0.1)、[0.1,1)、[1,50)、[50,100)、[100,150)、[150,200)、[200,250)、[250,300)、[300,400)、[400,500)、[500,600)、[600,1 000)，采用分组计量的方法（如图9所示）。

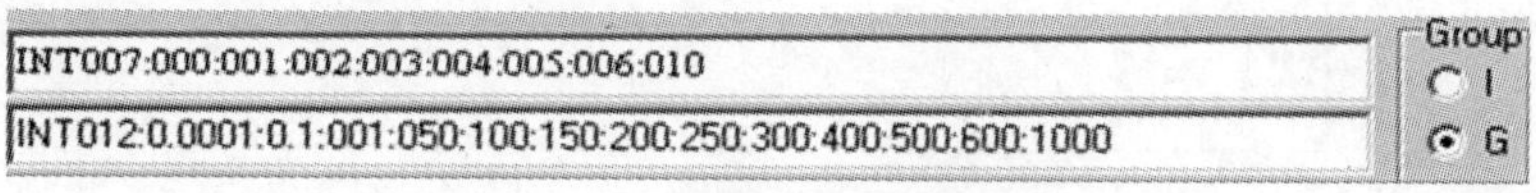

INT007:000:001:002:003:004:005:006:010

INT012:0.0001:0.1:001:050:100:150:200:250:300:400:500:600:1000

Group
I
G

图9　对严重度数据的分组

（2）参数估计和假设检验

假设检验结果如图10所示，混合分布（MR）的卡方检验值最小，该分布是伽马分布（Gamma）和帕累托(Pareto)分布的混合，两个分布的权重分别为 $\omega_1=0.5032,\omega_2=0.4968$ 。伽马分布的参数为 $a=0.3309,\theta=243.7759$ ；帕累托分布的参数为 $a=1.0502,\theta=1.2569$ 。

Id type	df	CHI_V	CHI_D	p value	maxlik
MG	7	14.0671	4140.5476(X)	0	-232.9846
ML	7	14.0671	12.0891(√)	0.0977	-153.357
MP	7	14.0671	10.3995(√)	0.167	-153.0755
MR	6	12.5916	7.6786(√)	0.2626	-151.8351
MS	6	12.5916	24.223(X)	0.0005	-158.6387

图10　严重度拟合结果

虚线表示样本数据，实线表示拟合曲线，从图11可看出严重度分布拟合效果很好。

4. 损失分布法下的总损失

使用快速傅里叶变化（FFT）把选定的频率分布模型——复合泊松分布（21）和严重度分布模型——伽马-帕累托混合分布（MR）整合为总体损失分布，同时，按周拟合的频率分布转化为年频率分布，在置信度99.9%下，得出该周银行总损失为1 045万元，年度总损失为13 888万元。计算结果如图12所示。

混合分布图形如图13所示。

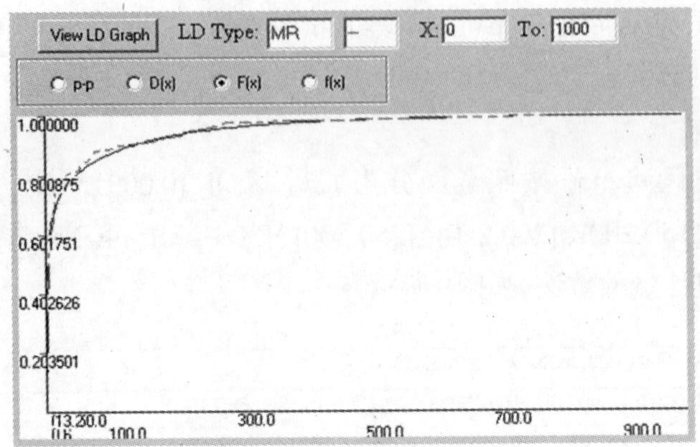

图11 严重度拟合结果展示

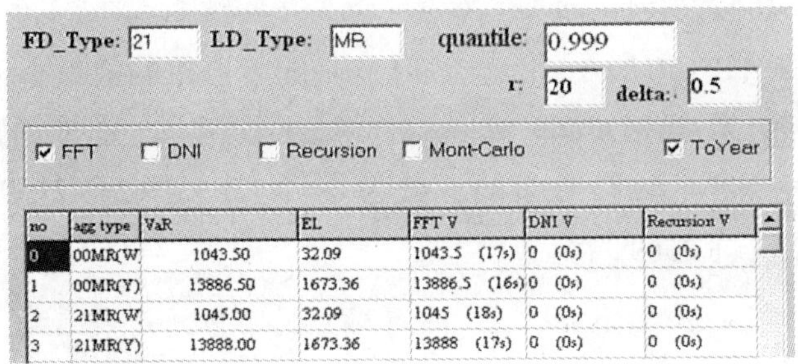

no	agg type	VaR	EL	FFT V	DNI V	Recursion V
0	00MR(W	1043.50	32.09	1043.5 (17s)	0 (0s)	0 (0s)
1	00MR(Y)	13886.50	1673.36	13886.5 (16s)	0 (0s)	0 (0s)
2	21MR(W	1045.00	32.09	1045 (18s)	0 (0s)	0 (0s)
3	21MR(Y)	13888.00	1673.36	13888 (17s)	0 (0s)	0 (0s)

图12 非预期损失计量结果

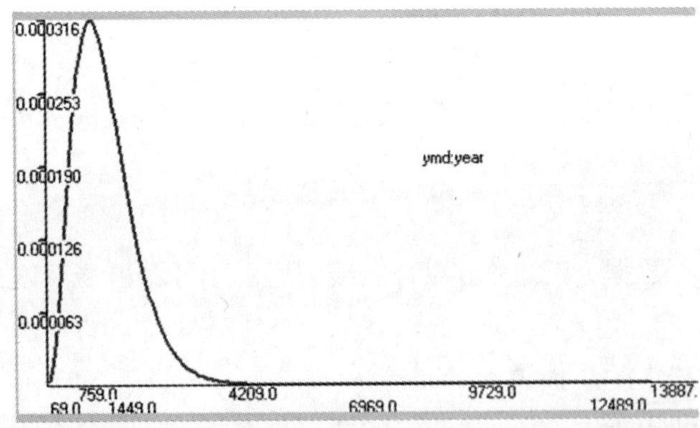

图13 损失分布图

5. 内部衡量法下的调整系数

本实例将基于该银行信息科技关键风险指标和信息科技风险评估结果(BEICFs数据)计算γ系数,对损失分布法计量的总损失进行调整。假定该银行监测7项关键风险指标（如表15所示），并开展了3项信息科技风险评估（如表16所示）。γ 系数是信息科技关键风险指标和信息科技各领域风险评估的函数：

$$\gamma = g\left(a_1 KRI_1 + a_2 KRI_2 + \cdots + a_i KRI_i\right) + f\left(b_1 RCSA_1 + b_2 RCSA_2 + \cdots + b_k RCSA_k\right)$$

这里假定 $g(x) = -0.7x + 1.5$ ，$f(x) = -0.6x + 1.6$ 。表示信息科技风险大小与关键风险指标、风险评估结果负相关，关键风险指标、评估得分越高（假定得分越高表示风险控制得越好），信息科技风险越小。

表15　　关键风险指标得分

序号	指标名称	目标值	实际值	指标得分	权重(a)
1	灾备系统的覆盖率	[90%，95%]	92%	1.2	0.2
2	交易成功率	[97%，98%]	99%	1.25	0.2
3	灾备演练覆盖率	[90%，95%]	90%	1	0.1
4	科技人员流失率	[1%，2%]	5%	0.8	0.15
5	信息安全事件导致的客户投诉率	[15%，20%]	13%	1.1	0.1
6	数据策略执行率	[95%，98%]	93%	0.9	0.15
7	监控系统覆盖率	[80%，90%]	95%	1.27	0.1
	总分			1.082	

表16　　风险评估得分

序号	评分标准	评估结果	得分	权重（b）
1	系统运行情况	中等风险	1	0.3
2	数据安全	高风险	0.5	0.4
3	信息科技风险外包	低风险	1.5	0.4
	总分		1.1	

由上式计算得出 $\gamma = KRI$ 得分 $+ RCSA$ 得分=0.74+0.94=1.68。

6. 总资本

该银行总资本 (C_{IT}) 等损失分布法下的总损失乘以内部衡量法的调整系数，即 $C_{IT} = VaR \times \gamma$ =13 888（万元）× 1.68=23 331.84（万元），表示该银行年度的信息科技风险资本为23 331.84万元。

六、研究结论及政策启示

(一)信息科技风险管理与监管的理论价值

1. 强化信息科技风险监管有助于改善金融基础设施

金融基础设施建设的目的是为了降低或者化解信息不对称,利用信息科技提高信息的透明度、扩大信息公开的及时性是一个重要方面。但是,信息科技的应用和普及并不代表银行市场信息不对称的降低,由此发展起来的金融模式和开发出来的金融产品可能导致更大的信息不对称。美国次贷危机就是一个例证,由物理和数学专家开发出来的次贷衍生产品定价模式和风险管理模式让业务人员和投资者根本无法了解到产品的实际价值和风险状况。

(1)信息科技的不合理利用会扩展信息不对称。出于自身科技实力不足、节约成本等方面的考虑,一些银行会将运营系统或者部分业务系统外包给专门的信息技术服务商进行开发、运营和维护。由于银行不掌握核心技术、系统缺陷及其稳健性,将增加银行与外包商之间的信息不对称。同时,由于知识结构和专业分工的差异,银行系统不同部门之间的信息不对称也可能会加强,不恰当的业务操作可能导致违规操作或者系统故障。

(2)信息科技风险会放大单个风险的外部性。信息科技的广泛应用使得金融机构的关联度大大提升,外部依赖度不断加强。现代银行的正常运营依赖于各种技术、网络的连续稳定运行,但是没有一种技术能确保万无一失,一旦单家机构出现经营困难,或者运行系统出现故障,其关联机构也会遭受损失,并且风险扩散的速度更快、范围更大,外部性也大大增加。

因此,只有通过严格的管理和有效的监管确保银行信息科技系统的安全平稳运行,信息科技的应用才会切实改善金融基础设施,在安全可靠的前提下提高银行业的运行效率。

2. 强化信息科技风险监管有助于降低银行的脆弱性

在明斯基(1982)提出“金融不稳定假说”后,现代金融脆弱性理论不断发展和丰富,信息科技风险为银行的脆弱性添加了新的内容和特征。

(1)信息科技风险会直接增加银行风险的促发点。信息科技风险事故一旦发生,银行会遭受声誉风险,甚至可能引致存款人恐慌和挤兑,造成全局性、灾难性的冲击。

(2)信息科技的广泛应用会助推和放大传统银行风险。金融机构之间的业务和交易相互渗透和关联,金融风险一旦爆发,就会在金融机构之间、各国金融体系之间交叉传染,而信息科技在金融体系的应用和发展使得这种传染的速度更快、范围更大、方式更加多样。

(3)信息科技的广泛应用使得银行经营环境的不确定性更大。银行的经营困境、财务亏损等负面信息会更快传递给存款人或者投资者,同时,网上银行等电子交易系统的应用,存款人或者投资者一旦发现更加有利的投资机会,会更快撤离资金,银行经营风险会在短时间内急剧膨胀。

信息科技风险丰富了金融脆弱性理论,也为加强信息科技风险监管提供了新的证据。

3. 强化信息科技风险管理有助于完善金融安全网

对于金融安全网(Financial Safety Net),不同机构赋予了不同的内容,一般意义上的金融安全网包含三大支柱,即金融监管、最后贷款人和投资者(包括存款人)保护制度。在金融信息科技高度发展的背景下,强化信息科技风险管理是未来完善金融安全网的需要。

(1)强化信息科技风险监管是完善银行全面风险管理的需要。在巴塞尔委员会新制定的《有效银行监管核心原则(2012)》“原则15——风险管理体系”中,要求监管机构确定银行具备全面的风险管理体系,及时识别、计量、评估、监测、报告、控制或缓释所有实质性风险,并提出了相应的准则和要求。鉴于信息科技风险对银行稳健性的重要程度越来越高,与其他风险关联性日益加大,信息科技风险不应仅仅纳入操作风险管理和监管的范畴,其在银行自身全面风险管理和监管当局的全面风险监管中应当引起更大的重视。

(2)信息科技风险对投资者保护制度提出了新要求。信息科技的发展和应用在提高银行自身运营效率的同时,可能在银行基于高新信息技术开发出的金融产品、交易系统和运营系统等方面,加大银行与存款投资者(包括存款者)之间的信息不对称。一方面,这会增加投资者的隐性损失。例如,在产品认购方面,对于发行额度之外的认购,如果银行的信息系统不能很好地处理退单退款,就会造成资金长时间无法退回投资者,增加投资者的机会成本,甚至本金损失。另一方面,如果投资者不理解银行产品交易的信息系统,就有可能由于操作不当或者操作失误而遭受损失。因此,信息科技风险对投资者保护制度提出了新的要求。例如,在存款保险制度中,存保银行保费的确定和调整应考虑其信息科技风险。

(3)信息科技风险管理需要金融安全网三大支柱进一步加强沟通协调。信息科技已经应用到银行的方方面面,银行业务条线和经营管理方面涉及的信息科技风险需要监管当局进行监管,电子支付和划拨系统等方面涉及到中央银行的管理,而信息科技风险给投资者造成的损失又归属存款保险机构或者相关的投资者保护制度。因此,信息科技风险的监督管理对金融安全网三大支柱的沟通和协调提出了新的挑战。

(二)研究总结

信息科技风险管理理论经历了以技术为驱动、以控制为导向到以风险为导向的一系列演变过程。本文在分析银行业全面风险管理理论和业界信息科技风险管理理论的基础之上,深入剖析了信息科技风险与操作风险、全面风险管理的关系,明确了信息科技风险在全面风险管理中的定位。

研究认为基于信息科技风险的重要性和特殊性、国内外对信息科技风险的关注程度,以及目前在操作风险模式下管理信息科技风险存在弊端等因素,将信息科技风险从操作风险中拆分并独立管理能更加有效地管理信息科技风险。同时提出了以"监管目标"和"过程控制"为导向的两种核心监管指标的构建方法,其中结果性指标反映客观存在的风险,过程性指标反映银行机构的风险管控水平。

本文提出信息科技风险可以单独计量的观点,并通过从金额和时间两个维度定义信息科技风险的损失,建立时间损失与金额损失的映射关系,解决间接损失计量的问题;结合个体计量和分组计量相结合的模型计量方法,解决信息科技风险损失不确定性的问题;同时提出了信息科技风险的计量框架、计量基础和计量方法,并以某商业银行5年内部收集的信息科技风险事件为实例验证了信息科技风险资本计量的流程。

总之,本文明确了信息科技风险与操作风险和全面风险的关系和定位,梳理了监管框架,并就信息科技风险核心监管指标和信息科技风险资本计量两种监管手段进行了深入分析,提出了相应的监管框架和方法,为信息科技风险监管理论体系的完善和具体运用提供了有益探索。

(三)信息科技风险管理与监管的思考和展望

随着信息技术的飞速发展,银行业对信息科技的依赖越来越大,云计算、物联网等新技术加快了银行创新发展，对信息科技风险管理提出更高的要求，信息科技风险管理与监管面临着更加现实的挑战。因此，提出以下对未来发展的思考与展望。

1. 构建体系化的信息科技风险管理框架

银行业金融机构可以结合本机构信息科技风险管理现状，积极建立体系化的风险识别、监测和评估的方法，构建出覆盖商业银行信息科技各主要领域的信息科技风险指标体系，探索管理方法和工具，加强风险动态监测、预警；同时，可进一步完善信息科技风险自评估机制，建立全量风险点库并分析评价，提高信息科技风险管理的科学性和精准度；此外，可进一步探索信息科技风险的计量方法，根据历史风险事件建立内部损失数据库，探索将信息科技风险和资本计量进行关联，实现以资本管理来提高信息科技风险管理水平的目的。

2. 丰富、完善风险监管工具和量化技术

探索建立信息科技风险与监管资本和经济资本计量的模型，研究行业信息科技风险事件带来间接损失的量化方法，实现信息科技风险识别和计量的精细化，加强信息科技风险监管的科学化、系统化。同时，还要从资本角度加强监管，以资本量化信息科技风险，实现用资本约束信息科技风险，督促银行机构提升风险管理能力。

3. 实现从单体机构风险监管向系统性风险监管的转化

本文在信息科技风险核心监管指标设定、资本计量方法选取和监管框架设计上，初步考虑了系统性风险，但对于行业系统性风险关注不够。为加强信息科技的行业性、系统性风险控制，应加强风险识别机制的研究，加强外包风险、集中度风险、共性技术风险的规避、缓释、迁移和控制措施的研究，建立动态监测体系，明确风险职责和控制措施，同时也应探索加强各部门参与的社会协作机制建设，建立起跨行业、跨机构、跨区域的应急协调机制，共同防范可能的行业性系统风险。

4. 强化互联网金融的信息科技风险监管

信息网络技术在为互联网上便捷、快速地进行金融服务交易提供了充分的技术支撑的同时，也带来互联网金融监管的难题。监管政策和工具应如何适应互联网条件下的融资、支付和货币电子化发展，怎样加强互联网金融交易的监管，风险监管的模式、策略和方法应有哪些调整和变化，这些都有待进一步研究和深入思考。

5. 加强银行信息化建设和大数据应用的监管与指导

进入信息化时代，大数据成为一种高级的信息生产力，推动了社会生产方式的转变，在国家通过大数据推动产业发展、提高国家竞争力的进程中，应抓住历史机遇，加强数据标准化建设和知识挖掘，持续提高数据质量和信息系统的数据处理能力，注重数据分析应用，进一步提高和完善银行业客户服务、风险管理、金融创新和可持续发展能力，提高信息时代我国银行业的国际竞争力。

参考文献

[1] 安娜·S.彻诺拜，斯威特洛扎·T.维特夫.操作风险：新巴塞尔协议资本要求、模型与分析指南[M].大连：东北财经大学出版社,2010.

[2] 巴塞尔银行监管委员会.巴塞尔新资本协议[Z].第三次征求意见稿,2006.

[3] 巴曙松.巴塞尔新资本协议框架下的操作风险衡量与资本金约束[J].经济理论与经济管理,2003(2).

[4] 陈文雄.信息科技风险监管和管理[J].金融电子化,2009(10):27−29.

[5] 胡振华,全民邦.银行信息科技风险防控重在机制建设[J].金融实务,2010(9):70−71.

[6] 李庆莉.以中国式的监管促进中国式的风险管理[J].中国金融电脑,2010(9):32−36.

[7] 李庆莉.信息科技风险管理：在新资本协议推动下稳步前行[J].中国金融电脑,2011(2):12−13.

[8] 李政.银行信息科技风险管理和信息安全发展概况[J].计算机安全,2011(3).

[9] 刘正良，刘厚俊.新巴塞尔协议下的操作风险与我国银行业改革[J].财经理论与实践,2005(3).

[10] 骆絮飞.加强科技监管　推进银行业信息科技风险管理能力建设[J].中国金融电脑,2011(4):10−13.

[11] 张成虎,王雪萍.我国银行技术风险监管的策略研究[J].情报杂志,2005(11):13−19.

[12] 张磊.银行业信息科技风险管理的三个维度[J].金融电子化,2011(2):81−82.

[13] 阎庆民.中国商业银行操作风险研究[M].北京：中国经济出版社，2012.

[14] 中国银行业监督管理委员会.银行业重要信息系统突发事件应急管理规范（试行）[Z].2008−04.

[15] 中国人民银行办公厅.中国现代化支付系统运行管理办法（试行）[Z]. 银办发〔2005〕287号,2005.11.05.

[16] 中国银行业监督管理委员会.银行业信息科技风险管理指引[Z].银监发〔2009〕19号,2009.12.

[17] GB/T 24353—2009 风险管理——原则与实施指南[S].

[18] ISO31000：2009 风险管理——原则与指南[S].

[19] ISO.信息技术—安全技术—信息安全风险管理[Z].第一版.2008−06.

[20] Bank Nagra Malaysia. Guidelines on Data Management and MIS Framework[Z]. BNM/RH/GL 018–1.

[21] Clinical Health (HITECH), USA, 1996 and 2009, respectively[Z].

[22] FFIEC.E–Banking Booklet [M] .August 2002.

[23] FFIEC.Operation Booklet [M] .July 2004.

[24] FFIEC. Management Booklet [M]. June 2004.

[25] FFIEC. Information Security Booklet [M]. July 2006.

[26] ISO/IEC 27005:2008 – A New Standard for Security Risk Management[S].

[27] ISO/IEC 27000 Series, Switzerland, 2009–2012[S].

[28] ISO 17799: 2005. Information Security Techniques—Code of Practice for Information Security Management[S].

[29] NST（US）. Guide for Assessing the Security Controls in Federal Information Systems and Organizations [M]. Special Publication 800–53A. June 2010.

[30] Siemens Enterprise(UK).CRAMM v5.1 Information Security Toolkit[J].2010.

[31] The Institute of Operational Risk [J]. Operational Risk Sound Practice Guidance– Risk Appetite. December 2009.

[32] The Business Model for Information Security (BMIS) [R]. ISACA, USA, 2010.

[33] The 2011 Standard of Good Practice for Information Security [C]. Information Security Forum (ISF), UK, 2011.

[34] UK Financial Services Authority. Data Security in Financial Services. April 2008.

[35] URSIT(Uniform Rating System for Information Technology).

Research on IT Risk Supervision of Banking Institutions

YAN Qingmin
(China Banking Regulatory Commission)

Abstract: The characteristic, importance and particularity of the IT risk in the banking institutions have been discussed in this article. Through the profound analysis of the conspicuous issue of the IT risk management faced by the China banking industry, the relationship among the IT risk, the operational risk and the overall risk management has been addressed; A point has been raised that the IT risk should be separated from the operational risk and it should be managed independently. An innovative concept has been created, which is the "objective" and "process control" oriented construction methodology of the IT risk core supervision indicator; In addition, separate capital measurement of the IT risk has been thoroughly studied and well designed. This study has provided the references and thoughts for continuous improvement of theoretical methodology of IT risk supervision of the banking industry. As result, IT risk supervision and management have been enhanced.

Key Words: IT Risk, Management Positioning, Risk Supervision Indicator, Capital Measurement

《新金融评论》征稿启事

《新金融评论》于2012年10月正式创办，是上海新金融研究院主办的经济金融类学术刊物，致力于发表权威、严谨、高标准的政策研究和基础研究成果，强调学术性和政策性的完美结合。中国金融四十人论坛为本刊提供学术支持。

本刊现面向国内外学者征集稿件，欢迎踊跃投稿。

一、本刊主要栏目

(1) 专题；

(2) 改革实践；

(3) 金融实务；

(4) 理论前沿；

(5) 宏观经济；

(6) 国际金融。

二、稿件要求

(1) 主题明确、论证充分、结构严谨、文字精练，富于理论和政策价值。稿件字数在8 000—15 000字；

(2) 提供300字以内的文章摘要和3-5个关键词，论文摘要应包含：论文所研究的主要问题、得出的基本结论、所使用的主要研究方法以及所提出的主要政策建议；

(3) 提供参考文献，包括著作人、著作(论文)、出版地、出版社(期刊或报纸)、出版年(期刊出版年、期次或报纸出版年月日)、页码，详见GB/T 7714—2005《文后参考文献著录规则》；

(4) 若稿件中含有图、表、数学公式等，请务必保证其中的符号、数字、文字、图线等清晰，并请提供可以编辑的原始数据与图表；

(5) 提供文章标题、作者、所在单位、摘要、关键词的英文译文；

(6) 提供作者详细通讯地址、联系电话、电子邮箱，以便联系；

(7) 作者需严格遵守学术规范，文责自负；

(8) 严禁一稿多投。

本刊不收取任何审稿费、版面费，邀请相关领域专家匿名审稿。

三、投稿方式

投稿邮箱：cfr@sfi.org.cn

联系电话：021-33023256

地址：上海市黄浦区北京东路280号7层《新金融评论》编辑部

《新金融评论》编辑部

订购《新金融评论》

（2013 年 1–6 期）

<table>
<tr><td>单位全称</td><td colspan="2"></td><td>收件人</td><td></td><td>电 话</td><td></td></tr>
<tr><td>详细地址</td><td colspan="4"></td><td>邮 编</td><td></td></tr>
<tr><td>定 价</td><td>30.00 元/册</td><td>订购期数</td><td></td><td>每期册数</td><td colspan="2"></td></tr>
<tr><td colspan="2">书 款（大写）</td><td colspan="5">万 仟 佰 拾 元 角 分整</td></tr>
</table>

订购办法

① 请订购单位工整、详细填写征订单各栏；

② 请务必将征订单传真或发电子邮件给出版社(010-63272592，zgjrcbs@126.com)，以便查对书款，并按征订单地址及时发书；

③ 请将书款汇至以下账户，收到书款后开具正式发票并用挂号信邮寄给订购单位。

户 名：中国金融出版社

开 户 行：中国光大银行北京长安支行

账 号：083518120100304006660

联 系 人：杨瑾怡 电话/传真：010-63272592

地 址：北京市丰台区益泽路 2 号 邮 编：100071